小学轻松学系列

容易写错的字

RONGYI XIE CUO DE ZI

汉语大字典编纂处 编著

四川辞书出版社

图书在版编目(CIP)数据

容易写错的字/汉语大字典编纂处编著. —成都：四川辞书出版社，2018.6

（小学轻松学系列）

ISBN 978-7-5579-0338-1

Ⅰ.①容… Ⅱ.①汉… Ⅲ.①汉语－错别字－小学－教学参考资料 Ⅳ.①G624.203

中国版本图书馆 CIP 数据核字(2018)第 081720 号

容易写错的字

汉语大字典编纂处 编著

策　　划 李　晓
责任编辑 胡彦双
封面设计 陈靖文
责任印制 肖　鹏
出版发行 四川辞书出版社
地　　址 成都市槐树街 2 号
邮政编码 610031
印　　刷 四川翔川印务有限公司
开　　本 850 mm×1 168 mm　1/24
印　　张 6.5
版　　次 2018 年 6 月第 1 版
印　　次 2018 年 6 月第 1 次印刷
书　　号 ISBN 978-7-5579-0338-1
定　　价 32.00 元

· 发行部电话：(028)87734281　87734332

出版说明

本套丛书由汉语大字典编纂处和一线语文教师编写，旨在帮助小学生丰富词汇，全面提升语文能力。

丛书共有八册：《容易写错的字》《容易读错的字》《容易用混的词》《容易学会的成语》《容易用错的成语》《容易学会的诗文名句》《小学生应该掌握的古诗词》《小学生应该掌握的成语故事》。

丛书根据小学生学习需要和阅读习惯编写，具有如下特点：

❖ 针对性强，依据小学语文教学大纲编写；

❖ 涵盖面广，内容涵盖字、词、句、文，整体提升语文能力；

❖ 功能多样，可查检，也可阅读；

❖ 内容简洁，通俗易懂，易读易记。

索　引

A

B

索引

D

E

索引

索引

F

G

H

J

索引

索引

索引

W

X

A

āi shēng tàn qì

唉声叹气

~~哀~~声叹气

解析：唉：表示叹息。唉声叹气：因烦闷、伤感或痛苦而发出叹息。哀：悲伤，悲痛。“哀”不能用在此处。

ài dài

爱戴

爱~~带~~

解析：戴：拥护；推崇。爱戴：敬爱并衷心拥护。“戴”和“带”都有把东西放在身上的意思，但“戴”一般指放在头、面、颈、胸、臂等部位，“带”一般指放在腰上。“带”不能与“爱”搭配。

ài wū jí wū

爱屋及乌

爱屋及~~巫~~

解析：乌：乌鸦。爱屋及乌：爱一个人连带爱停留在他屋上的乌鸦。指喜爱一个人而连带喜爱与这个人相关的人或物。巫：以装神弄鬼替人祈祷为职业的人。“巫”不能用在此处。

àn bù jiù bān
按部就班
按~~步~~就班

解析： 部：门类；类别。按部就班：办事情依照一定的规则，遵循一定的程序。步：脚步。“步”不能用在此处。

àn mó
按摩
按~~磨~~

解析： 摩：摩擦；接触。按摩：用手在人体的一定部位上推、按、捏、揉等。“摩”与“磨”均有摩擦的意思，但“摩”多指用手摩擦，而“磨”多指用磨料摩擦物体。“磨”不能与“按”搭配。

àn rán
黯然
~~暗~~然

解析： 黯：阴暗、昏暗。黯然：阴暗的样子；也指沮丧或忧伤的样子。“暗”也有阴暗、昏暗的意思，但常指光线不足。“暗”不能用在此处。

áo xiáng
翱翔
~~遨~~翔

解析： 翱：展翅飞。翱翔：在空中盘旋地飞。遨：游玩。遨，与行走有关；翱，与飞翔有关。“遨”不能与“翔”搭配。

áo zhàn

鏖战

~~熬~~战

解析： 鏖：激烈地战斗。鏖战：激战；苦战。熬：痛苦地忍受；勉强地支持。“熬”不能与“战”搭配。

ào zhǐ

奥旨

~~澳~~旨

解析： 奥：含义深，不容易理解。奥旨：深奥的含义。澳：海边弯曲可以停船的地方。“澳”与“奥”字形相近，但不能混用。

B

bái bì wú xiá

白璧无瑕

白璧无暇

解析： 瑕：玉上的斑点，比喻缺点。白璧无瑕：洁净的玉上没有一点斑点。比喻人或事物完美无缺。暇：没有事的时候；空闲。“暇”与“瑕”字形相近，但不能混用。

---

bái xī

白皙

白晰

解析： 皙：皮肤白。白皙：皮肤白净。晰：清楚、明白。“皙”，形容皮肤颜色，形旁为“白”；“晰”，指清楚、明白，形旁为“日”。“晰”不能与“白”搭配。

---

bǎi kǒng qiān chuāng

百孔千疮

百孔千窗

解析： 疮：皮肤或黏膜溃烂的病；创口。百孔千疮：到处都是孔洞或创口。原比喻残破、缺漏严重。后也比喻弊病百出，到处都有问题。窗：窗户。“窗”不能用在此处。

bān mén nòng fǔ
班门弄斧

~~般~~门弄斧

解析：班：指鲁班，即公输般，古代巧匠。班门弄斧：在鲁班门前耍弄斧头。比喻在行家面前卖弄本领。般：种；样。“般”不能用在此处。

bān jiǎng
颁奖

~~搬~~奖

解析：颁：发布；发下。颁奖：授予奖状、奖杯或奖品等。搬：移动物体的位置；迁移。“搬”不能与“奖”搭配。

bāo luó wàn xiàng
包罗万象

包罗万~~项~~

解析：象：形状；样子。包罗万象：包罗宇宙间各种各样的景象、事物。形容内容丰富，应有尽有。项：颈的后部；事物的种类或条目。“项”不能用在此处。

bào chou
报酬

报~~筹~~

解析：报酬：因为付出劳动或工具等而得到的钱财或实物。筹：谋划，筹措。“筹”不能与“报”搭配。

bào qiàn

抱歉

报歉

解析：抱：心里存着（想法、意见）。抱歉：心中过意不去，觉着对不住别人。报：有告诉、报答、报应之意。“报”不能与“歉”搭配。

bào tiǎn tiān wù

暴殄天物

暴珍天物

解析：殄：灭绝。暴殄天物：原指不按照礼制规矩打猎，滥加捕杀，灭绝各种生物。后泛指不爱惜财物，任意损害、糟蹋。珍：看重。“珍”与“殄”字形相近，但不能混用。

bēi gōng qū xī

卑躬屈膝

卑恭屈膝

解析：躬：身体。卑躬屈膝：形容谄媚讨好、毫无骨气的奴才相。恭：谦恭而有礼貌。“恭”不能用在此处。

bēi qiè

卑怯

卑祛

解析：怯：胆小，害怕。卑怯：卑下怯懦；胆怯。祛：除去。如“祛除”“祛暑”。“祛”与“怯”字形相近，但不能混用。

bèi jǐng lí xiāng

背井离乡

背景离乡

解析：井：古制八家为井，引申为乡里、家园。背井离乡：指不得已远离家乡，流落到外地谋生。景：景致；风景。“景”不能用在此处。

bì lù lán lǚ

筚路蓝缕

毕路蓝缕

解析：筚：用荆条、竹子编成的篱笆或遮拦物。筚路蓝缕：架上柴车，穿着破衣去开辟山林。后用以形容创业艰难。也作“荜路蓝缕”。毕：完结；完成。“毕”与“筚”字形相近，但不能混用。

biān chuí

边陲

边锤

解析：陲：边地。边陲：边境。锤：敲打东西的工具。“锤”与“陲”字形相近，但不能混用。

biān zuǎn

编纂

编篡

解析：纂：编辑。编纂：在大量资料基础上编辑、整理成篇幅较大的著作。篡：夺取，多指臣子夺取君主的地位。“篡”与“纂”字形相近，但不能混用。

biān tà
鞭挞

~~鞭搭~~

解析： 挞：用鞭子、棍子打人。鞭挞：用鞭子打，比喻谴责、抨击。搭：把柔软的东西放在可以支架的东西上。“搭”不能与“鞭”搭配。

biàn xī
辨析

~~辩析~~

解析： 辨：辨别；分别。辨析：辨别分析。辩：辩解；辩论。“辩”与“辨”字形相近，但不能混用。

biāo bǐng
彪炳

~~彪柄~~

解析： 炳：光明；显著。彪炳：文采焕发；照耀。柄：器物的把儿；执掌。“柄”与“炳”字形相近，但不能混用。

bié chū xīn cái
别出心裁

~~别出新裁~~

解析： 心：心脏，中心。别出心裁：构思筹划独具一格，与众不同。新：刚出现的或刚经历的（跟“旧”“老”相对）。“新”不能用在此处。

bié shù
别墅

别野

解析： 墅：别墅，建在郊区、风景区的有园林的住宅。野：指远离城区、偏远的地方。“野”与“墅”字形相近，但不能混用。

---

bīn lín
濒临

频临

解析： 濒：临近；接近。濒临：紧接；临近。频：屡次；连续多次。“频”与“濒”字形相近，但不能混用。

---

bìng xíng bù bèi
并行不悖

并行不背

解析： 悖：相反；违反。并行不悖：同时进行或通行，互不冲突。背：躯干的一部分，部位跟胸和腹相对。“背”不能用在此处。

---

bìng rù gāo huāng
病入膏肓

病入膏盲

解析： 肓：我国古代医学指心脏和膈膜之间的地方。病入膏肓：疾病已经深入到膏和肓的部位。指病情严重，已无法医治。盲：看不见东西。“盲”与“肓”字形相近，但不能混用。

B

bó lái pǐn

舶来品

泊来品

解析： 舶：大船。舶来品：进口的货物；从海外引进的事物。泊：船靠岸停下；汽车在车位停下。“泊”与“舶”字形相近，但不能混用。

bù jiǎ sī suǒ

不假思索

不加思索

解析： 假：凭借；依靠。不假思索：不经过考虑就做出反应。加：数量比原来大或程度比原来高；增加。“加”不能用在此处。

bù jìng ér zǒu

不胫而走

不径而走

解析： 胫：小腿。不胫而走：没有腿却会跑。形容不待推行就到处流传。径：狭窄的道路；比喻达到目的的方法。“径”与“胫”字形相近，但不能混用。

bù kě jiù yào

不可救药

不可就药

解析： 救：援助使脱离灾难或危险。不可救药：本指病情严重，无法治疗。后比喻事态已经发展到无法挽救的地步。就：靠近；完成。“就”不能用在此处。

bù kě sī yì

不可思议

不可思异

解析： 议：议论；评说。不可思议：佛教用语，指语言或思维无法达到的神妙境界。异：有分别；不相同。“异”不能用在此处。

bù luò kē jiù

不落窠臼

不落巢臼

解析： 窠：鸟兽昆虫的窝。不落窠臼：不因袭陈旧的格式，指有独创风格，不落俗套（多指文章或艺术）。巢：鸟或蜂、蚁等的窝。“巢”不能用在此处。

bù máo zhī dì

不毛之地

不茅之地

解析： 毛：地面上生的草木。不毛之地：不长庄稼的荒原。茅：白茅，草本植物。“茅”不能用在此处。

bù qiú shèn jiě

不求甚解

不求慎解

解析： 甚：很；极。不求甚解：本指读书只领会要旨，不过于在字句上花工夫。后指不深入领会，只停留于一知半解。慎：谨慎；小心。“慎”不能用在此处。

bù shèng qí fán

不胜其烦

不胜其繁

解析： 烦：闷；心情不畅。不胜其烦：繁杂琐碎得让人受不了。繁：繁多；复杂。“繁”不能用在此处。

bù sù zhī kè

不速之客

不素之客

解析： 速：邀请。不速之客：没有邀请而自己到来的客人。指突然到来的客人。素：没有染色的丝绸；本色。“素”不能用在此处。

bù xiào zǐ sūn

不肖子孙

不屑子孙

解析： 肖：相似；像。不肖子孙：本指后代不像先辈。引指不能继承先辈事业或遗志的没有出息的子孙。屑：碎末；琐碎。“屑”与“肖”字形相近，但不能混用。

bù yí yú lì

不遗余力

不一余力

解析： 遗：留下。不遗余力：不留存剩余的力量，意思是毫无保留地使出全部力量。一：数目，最小的正整数。“一”不能用在此处。

bù yì ér fēi

不翼而飞

不易而飞

解析： 翼：翅膀。不翼而飞：没有翅膀竟然飞出去。形容言论、消息等流传迅速或财物突然消失。易：容易；平和。“易”不能用在此处。

bù bù wéi yíng

步步为营

部部为营

解析： 步：行走时两脚之间的距离。步步为营：军队前进一步，就建立一个营垒。形容防备严密，行动谨慎。部：部分；部位。“部”不能用在此处。

bù shǔ

部署

布署

解析： 部：统辖；统率。部署：安排、布置（人力、任务）。布：宣告；散布；布置。“布”不能与“署”搭配。

B

C

cái huá
才华

~~材~~华

解析：才：才能。才华：表现在外面的才能（多指文学艺术方面）。材：木料，泛指原料、材料。“材”不能与“华”搭配。

cán dōng là yuè
残冬腊月

残冬~~蜡~~月

解析：腊：农历十二月为“腊月”。残冬腊月：指冬天，也指岁末。蜡：蜡烛。“蜡”与“腊”字形相近，但不能混用。

cán shān shèng shuǐ
残山剩水

残山~~胜~~水

解析：剩：剩余。残山剩水：指国土被割裂或经过变乱以后的国土。胜：优美的（景物、境界等）。“胜”不能用在此处。

cán yuán duàn bì

残垣断壁

残峘断壁

解析：垣：墙。残垣断壁：倒塌残破的城墙。形容衰落破败的景象。峘：大山。“峘”与“垣”字形相近，但不能混用。

cǎn wú rén dào

惨无人道

残无人道

解析：惨：凶恶；毒辣。惨无人道：凶残狠毒得没有一点人性。残：残缺；凶恶。“残”不能用在此处。

cāng hǎi

沧海

苍海

解析：沧：（水）青绿色。沧海：大海（因水深而呈青绿色）。苍：形容草木颜色青。应该用“沧”与“海”搭配。

cǎo jiān rén mìng

草菅人命

草管人命

解析：菅：草本植物，叶子细长而尖，花绿色，是造纸的原料。草菅人命：把人命当成野草一样看待。指随意残害人命。管：圆筒形的东西。“管”与“菅”字形相近，但不能混用。

chà zǐ yān hóng

姹紫嫣红

~~姹紫艳红~~

解析： 嫣：容貌美好。姹紫嫣红：（花朵）鲜艳美丽。艳：色彩鲜明；鲜艳。“艳”不能用在此处。

C

chán yán

谗言

~~谄言~~

解析： 谗：说别人的坏话。谗言：诽谤或挑拨离间的话。谄：取悦逢迎他人。“谄”不能与“言”搭配。

chán mián fěi cè

缠绵悱恻

~~缠绵悱测~~

解析： 恻：悲伤。缠绵悱恻：形容悲苦凄切的感情缠绵不绝，无法排遣。测：测量；推测。“测”与“恻”字形相近，但不能混用。

cháng yáng

徜徉

~~徜佯~~

解析： 徜徉：闲游；安闲自在地行走。佯：假装。“徜”与“徉”都和行走有关，应该用“徉”与“徜”搭配。

chēn guài

嗔怪

慎怪

解析：嗔：生气；怪罪。嗔怪：对别人的言语或行动表示不满。慎：谨慎；小心。“慎”与“嗔”字形相近，但不能混用。

chén kē

沉疴

沉苛

解析：疴：病。沉疴：久治不愈的病。苛：过于严厉；繁杂；烦琐。“苛”不能与“沉”搭配。

chén lún

沉沦

沉伦

解析：沦：沉没。沉沦：陷入（罪恶的、痛苦的境界）。伦：条理；次序。“沉”与“沦”都和水有关，应该用“沦”与“沉”搭配。

chén miǎn

沉湎

沉缅

解析：湎：沉溺；沉迷。沉湎：沉溺（多指生活习惯方面）。缅：遥远。“沉”与“湎”均与水有关，应该用“湎”与“沉”搭配。

chén cí làn diào

陈词滥调

陈词~~烂~~调

解析： 滥：浮泛。陈词滥调：陈旧而不切实际的论调。烂：腐烂；破碎；表示程度极深。“烂”不能用在此处。

chéng qián bì hòu

惩前毖后

惩前~~必~~后

解析： 毖：使谨慎小心。惩前毖后：以过去的失误为警戒，以后注意谨慎从事，不再重犯。必：必定；必然；必须。“必”不能用在此处。

chěng qiáng

逞强

~~呈~~强

解析： 逞：显示（才能、威风等）。逞强：显示自己比别人能力强。呈：具有（某种形式）；现出（某种颜色）。“呈”与“逞”字形相近，但不能混用。

chōng ěr bù wén

充耳不闻

~~冲~~耳不闻

解析： 充：装满；塞住。充耳不闻：塞住耳朵不听。形容拒绝听取别人的意见或劝告。冲：迅猛地向前。“冲”不能用在此处。

chóng dǎo fù zhé
重蹈覆辙
重倒覆辙

解析：蹈：践踏；踩。重蹈覆辙：再走翻过车的老路。比喻不接受教训，重犯旧的错误。倒：上下颠倒或前后颠倒。“倒”不能用在此处。

chóng dié
重叠
重迭

解析：叠：一层加一层；重复。重叠：（相同的东西）一层层堆积。迭：轮流；替换。“迭”不能与“重”搭配。

chū qí bù yì
出其不意
出奇不意

解析：其：代词，他（它、她）的。出其不意：原指在别人意想不到的时候行动。后泛指出乎人的意料。奇：罕见的；特殊的。“奇”不能用在此处。

chū rén tóu dì
出人头地
出人投地

解析：头：头部。出人头地：高人一等，超出一般人。投：向一定目标扔。“投”不能用在此处。

C

C

chuān liú bù xī

川流不息

~~穿~~流不息

解析： 川：河流。川流不息：河水奔流不止。形容车船行人往来不断。穿：通过（孔、隙、空地等）。“穿”不能用在此处。

chuāng yí

疮痍

疮~~胰~~

解析： 痍：创伤。疮痍：创伤，比喻遭受破坏或受灾后的景象。胰：人和高等动物体内的腺体之一。“疮”与“痍”都和创伤有关，应该用“痍”与“疮”搭配。

chuī máo qiú cī

吹毛求疵

吹毛求~~呲~~

解析： 疵：缺点；毛病。吹毛求疵：吹开皮上的细毛，去寻找疵点。比喻故意挑剔缺点，寻找差错。呲：同“龇”，露（牙）。“呲”与“疵”字形相近，但不能混用。

chún pǔ

淳朴

~~醇~~朴

解析： 淳：朴实；厚道。淳朴：诚实朴素，不矫揉造作。醇：酒味浓厚。“醇”与“淳”字形相近，但不能混用。

chuò qì

啜泣

~~辍泣~~

解析：啜：抽噎的样子。啜泣：一吸一顿地低声哭泣。辍：中止；停止。“辍”与“啜”字形相近，但不能混用。

còu he

凑合

~~凑和~~

解析：合：结合到一起；聚集到一起。凑合：聚集；将就。和：平和；和缓。“和”不能与“凑”搭配。

cū guǎng

粗犷

~~粗旷~~

解析：犷：粗野。粗犷：粗野；粗鲁；豪放。旷：空而宽阔。“旷”与“犷”字形相近，但不能混用。

cuǐ càn

璀璨

~~璀灿~~

解析：璨：美玉。璀璨：形容珠玉等光彩鲜明。灿：鲜明耀眼。“灿”一般指光线，“璨”指美玉。应该用“璨”与“璀”搭配。

C

D

dā la

耷拉

搭拉

解析： 耷：形容耳朵大。耷拉：下垂。搭：把柔软的东西放在可以支架的东西上。“搭”不能与“拉”搭配。

dà míng dǐng dǐng

大名鼎鼎

大名顶顶

解析： 鼎：古代煮东西用的器物。大名鼎鼎：名声极大。顶：人体或物体上最高的部分。“顶”不能用在此处。

dà qì wǎn chéng

大器晚成

大气晚成

解析： 器：度量；才能。大器晚成：贵重的器物要经过长期的加工才能做成。比喻有卓越才能的人，取得成就或成名的时间都比较晚。气：气体。“气”不能用在此处。

dà yán bù cán

大言不惭

~~大言不渐~~

解析：惭：惭愧。大言不惭：说大话而不感到羞愧。渐：逐步；慢慢地。“渐”与“惭”字形相近，但不能混用。

dài màn

怠慢

~~殆慢~~

解析：怠：懒惰；松懈。怠慢：使受到冷淡的待遇。殆：危险。“怠”，“心”字旁，指内心懈怠、松懈。应该用“怠”与“慢”搭配。

dān ge

耽搁

~~担搁~~

解析：耽：迟延；沉溺。耽搁：停留；暂住；拖延；耽误。担：担负；承当。“担”不能与“搁”搭配。

dān jīng jié lǜ

殚精竭虑

~~惮精竭虑~~

解析：殚：尽；竭尽。殚精竭虑：耗尽了精力与心思。惮：怕。“惮”与“殚”字形相近，但不能混用。

D

dàn wán zhī dì

弹丸之地

~~蛋~~丸之地

解析：弹：弹弓。弹丸之地：像弹丸那样狭小的地方。形容地方极为狭小。蛋：鸟、龟、蛇等所产的卵。“蛋”不能用在此处。

dāng rén bù ràng

当仁不让

当~~人~~不让

解析：仁：能同情、爱护和帮助人。当仁不让：面对合乎道义的事情就积极主动地去做，毫不退让。人：能制造工具并使用工具进行劳动的高等动物。“人”不能用在此处。

dāng wù zhī jí

当务之急

当~~物~~之急

解析：务：事情。当务之急：指当前急需去做的事。物：东西。“物”不能用在此处。

dǎo zhì

导致

导~~至~~

解析：致：以致。导致：引起。至：到；到达。“至”不能与“导”搭配。

dào mào àn rán

道貌岸然

~~道貌安然~~

解析： 岸：高傲。道貌岸然：形容神态庄重，一本正经。现多用于讽刺故作正经、表里不一的伪君子。安：安定；平安。“安”不能用在此处。

dào tīng tú shuō

道听途说

~~道听涂说~~

解析： 途：道路。道听途说：从路上听来的话，在路上就传播给别人。涂：乱写或乱画。“涂”与“途”字形相近，但不能混用。

dé gāo wàng zhòng

德高望重

~~德高望众~~

解析： 重：重视；程度深。德高望重：品德高尚，很有声望。多用以称颂年老而有道德名望的人。众：许多；许多人。“众”不能用在此处。

dēng fēng zào jí

登峰造极

~~登峰造及~~

解析： 极：顶点；尽头。登峰造极：登山到达最高峰。比喻学问、技艺等达到最高峰。及：达到；到。“及”与“极”字形相近，但不能混用。

D

děng hòu

等候

~~等侯~~

解析：候：等待。等候：等待（多用于具体对象）。侯：泛指达官贵人。“侯”与“候”字形相近，但不能混用。

dǐ huǐ

诋毁

~~抵毁~~

解析：诋：说坏话。诋毁：毁谤；污蔑。抵：抵挡。“诋”，“言”字旁，指用语言诽谤。应该用“诋”与“毁”搭配。

dì pǐ

地痞

~~地否~~

解析：痞：恶棍；流氓。地痞：地方上的无赖。否（pǐ）：坏；恶。“否”为形容词，“痞”指人。“否”不能与“地”搭配。

diàn wū

玷污

~~沾污~~

解析：玷：白玉上面的斑点；使有污点。玷污：弄脏，多比喻声誉、名节等受损害。沾：浸湿。“沾”与“玷”字形相近，但不能混用。

diào yǐ qīng xīn

掉以轻心

~~吊~~以轻心

解析：掉：摆弄。掉以轻心：以无所谓的态度来摆弄。形容轻率疏忽，不当回事。吊：悬挂。“吊”不能用在此处。

dòu kòu nián huá

豆蔻年华

豆~~寇~~年华

解析：蔻：豆蔻，草本植物，外形像芭蕉，果实扁球形，种子像石榴子。豆蔻年华：豆蔻将要开花的时光。指少女十三四岁之时。寇：强盗；侵略者。“寇”与“蔻”字形相近，但不能混用。

dú shù yī zhì

独树一帜

独树一~~指~~

解析：帜：旗子；标志。独树一帜：另外树立一面旗帜。指自成一家，与众不同。指：手指头。“指”不能用在此处。

dǔ xìn

笃信

~~独~~信

解析：笃：深；忠实。笃信：深信不疑；忠实地信仰。独：自私；容不得人。“独”不能与“信”搭配。

D

dù jià

度假

渡假

解析：度：过（指时间）。度假：度过假日。渡：由这一岸到那一岸；通过（江河等）。“渡”不能与“假”搭配。

D

duān ní

端倪

端泥

解析：端倪：事情的头绪；边际。泥：含水的半固体状的土。“泥”与“倪”字形相近，但不能混用。

duì bù gōng táng

对簿公堂

对薄公堂

解析：簿：供书写或记载事项的本子。对簿公堂：指原告和被告在法庭上对质。薄：扁平事物上下两面之间的距离小（跟“厚”相对）。“薄”与“簿”字形相近，但不能混用。

duō chóu shàn gǎn

多愁善感

多仇善感

解析：愁：忧愁。多愁善感：经常发愁，容易伤感。仇：仇敌；仇恨。“仇”不能用在此处。

E

é zhà

讹诈

恶诈

解析：讹：假借某种理由向人强迫索取。讹诈：假借某种理由向人强迫索取财物。恶：很坏的行为；凶恶。“恶”不能与“诈”搭配。

è yùn

厄运

恶运

解析：厄：灾难；困苦。厄运：不幸的遭遇。恶：很坏的行为；凶恶。“恶”不能与“运”搭配。

è hào

噩耗

恶耗

解析：噩：凶恶惊人的；不吉利的。噩耗：令人吃惊的不幸消息（多指亲近或敬爱的人死亡）。恶：很坏的行为；凶恶。“恶”不能与“耗”搭配。

ěr yú wǒ zhà

尔虞我诈

尔欲我诈

解析：虞：欺骗。尔虞我诈：你欺骗我，我欺骗你。欲：欲望；想要。“欲”不能用在此处。

E

ěr rú mù rǎn

耳濡目染

耳儒目染

解析：濡：沾染。耳濡目染：形容经常听到或看到，无形中受到影响。儒：先秦时期以孔子为代表的学派；旧时指读书人。“儒”与“濡”字形相近，但不能混用。

F

fǎ mǎ

砝码

~~法~~码

解析：砝码：天平上作为重量标准的物体，通常为金属块或金属片，大小重量不一。法：法律；方法。“法”与“砝”字形相近，但不能混用。

fān lí

藩篱

~~番~~篱

解析：藩：篱笆；屏障。藩篱：篱笆；比喻界限或屏障。番：指外国或外族。“番”与“藩”字形相近，但不能混用。

fán lóng

樊笼

樊~~龙~~

解析：笼：笼子。樊笼：关鸟兽的笼子，比喻不自由的境地。龙：我国古代传说中的神异动物。“龙”与“笼”字形相近，但不能混用。

F

fǎn xǐng

反省

反醒

解析： 省：检查自己的思想行为。反省：回想自己的思想、行为，检查其中的错误。醒：醒悟；觉悟。“醒”不能与“反”搭配。

fāng xīng wèi ài

方兴未艾

方兴未爱

解析： 艾：停止。方兴未艾：正在兴起，并未停止。多用来形容新生事物正蓬勃发展。爱：对人或事物有很深的感情。“爱”不能用在此处。

fáng fàn

防范

防犯

解析： 范：限制。防范：防备；戒备。犯：侵犯；违犯。“犯”与“范”字形相近，但不能混用。

fáng ài

妨碍

防碍

解析： 妨碍：阻碍；使不能顺利进行。防：防备；防御。“防”不能与“碍”搭配。

fàng làng xíng hái
放浪形骸

放浪形骇

解析：骸：借指身体。放浪形骸：指行为放荡，不受世俗礼法的约束。骇：惊吓；震惊。“骇”与“骸”字形相近，但不能混用。

F

fēi yáng bá hù
飞扬跋扈

飞扬拔扈

解析：跋扈：专横暴戾，欺上压下。飞扬跋扈：指情态举动越出常规，不受约束。也指放纵蛮横。拔：把固定或隐藏在其他物体里的东西往外拉。“拔”与“跋”字形相近，但不能混用。

fēn dào yáng biāo
分道扬镳

分道扬镖

解析：镳：马嚼子的两端露出嘴外的部分。分道扬镳：原指分路行进。后比喻因志趣不同而各奔前程。镖：旧式武器，形状像矛的头，投掷杀伤敌人。“镖”不能用在此处。

fèn mèn
愤懑

愤闷

解析：愤懑：气愤；抑郁不平。闷：心情不舒畅；心烦。“闷”不能与“愤”搭配。

F

fēng huá zhèng mào
风华正茂

风华正貌

解析：茂：草木繁盛。风华正茂：风采才华正处在丰富、旺盛的时期。形容青春焕发，才华横溢。貌：外貌；外表的形象。“貌”不能用在此处。

fēng máng bì lù
锋芒毕露

锋芒必露

解析：毕：全部；完全。锋芒毕露：比喻锐气、才干等全部显露在外面。也指人爱逞能显强，好表现自己。必：必定；必然。“必”不能用在此处。

fēng yōng ér shàng
蜂拥而上

蜂涌而上

解析：拥：（人群）挤着走。蜂拥而上：形容人多势众，一拥而上。涌：水或云气冒出。“涌”与“拥”字形相近，但不能混用。

fèng guān xiá pèi
凤冠霞帔

凤冠霞佩

解析：帔：古代披在肩背上无袖的服饰，类似披肩。凤冠霞帔：原为古代贵妇的礼服，后来女子出嫁时也使用。佩：佩带；佩服。“佩”不能用在此处。

fèng máo lín jiǎo
凤毛麟角

凤毛~~鳞~~角

解析： 麟：麒麟。凤毛麟角：比喻珍贵而不可多得的人或事物。鳞：鱼类、爬行动物和少数哺乳动物身体表面的角质或骨质薄片，具有保护作用。“鳞”与“麟”字形相近，但不能混用。

fú xiǎng lián piān
浮想联翩

浮想联~~篇~~

解析： 翩：很快地飞；形容动作轻快。浮想联翩：各种想象不断涌现。篇：首尾完整的诗文。“篇”不能用在此处。

fú shè
辐射

~~幅~~射

解析： 辐：辐条，车轮中连接车毂和轮圈的一根根直木条或钢条。辐射：从中心向各个方向沿着直线伸展出去。幅：泛指宽度。“幅”与“辐”字形相近，但不能混用。

fǔ dǐ chōu xīn
釜底抽薪

~~斧~~底抽薪

解析： 釜：古代的炊事用具，相当于现在的锅。釜底抽薪：把锅底的柴火抽掉。比喻从根本上解决问题。斧：斧子。“斧”与“釜”字形相近，但不能混用。

fù shí pǐn

副食品

付食品

解析： 副：居第二位的；辅助的（区别于“正”“主”）。副食品：非主食，一般是经过精加工的食品。“付”在做量词的时候同“副”。此处不能与“副”混用。

fù lì táng huáng

富丽堂皇

富丽堂黄

解析： 皇：盛大。富丽堂皇：豪华壮丽，气势雄伟。形容建筑物的宏伟壮丽，场面的盛大豪华。黄：像丝瓜花或向日葵花的颜色。“黄”不能用在此处。

fù mò

覆没

复没

解析： 覆：底朝上翻过来。覆没：（船）翻掉沉没；覆灭。复：恢复；报复。“复”不能与“没”搭配。

G

gān biě

干瘪

~~干憋~~

解析： 瘪：物体表面凹下去；不饱满。干瘪：干而收缩，不丰满；（文辞等）内容贫乏，枯燥无味。憋：闷；不畅快。“憋”不能与“干”搭配。

gān hé

干涸

~~干锢~~

解析： 涸：水干；枯竭。干涸：（河、池塘等）没有水了。锢：用熔化的金属堵塞金属物品的空隙。“锢”与金属相关，“涸”与水相关，应该用“涸”与“干”搭配。

gān bài xià fēng

甘拜下风

~~甘败下风~~

解析： 拜：尊崇；敬佩。甘拜下风：甘心情愿地拜倒在下位。指真心佩服别人，自认为不如。败：失败。“败”不能用在此处。

G

gān zhī rú yí

甘之如饴

甘之如怡

解析： 饴：饴糖，即麦芽糖。甘之如饴：如同吃麦芽糖那样甜美。多指乐于承担艰巨的任务，或勇于做出牺牲。怡：快乐；愉快。“怡”与“饴”字形相近，但不能混用。

gǎn rén fèi fǔ

感人肺腑

感人肺腹

解析： 腑：中医指胃、肝、大肠、小肠、膀胱、三焦等。肺腑：指内心深处。感人肺腑：使人的内心深受感动。腹：躯干的一部分。“腹”不能用在此处。

gāng bì zì yòng

刚愎自用

刚腹自用

解析： 愎：乖戾；执拗。刚愎自用：指人傲慢固执，自以为是。腹：躯干的一部分。“腹”与“愎”字形相近，但不能混用。

gāo wū jiàn líng

高屋建瓴

高屋建领

解析： 瓴：古代一种盛水的瓶子。高屋建瓴：从高屋顶上倾倒瓶里的水，或从高屋顶上顺着瓦沟倒水。形容居高临下，其势不可阻挡。领：衣领；大纲。“领”与“瓴”字形相近，但不能混用。

gé hé

隔阂

隔阖

解析： 阂：阻隔不通。隔阂：彼此情意沟通的障碍，思想上的距离。阖：全；总共。“阖”不能与“隔”搭配。

gè xíng qí shì

各行其是

各行其事

解析： 是：正确；认为正确。各行其是：人都按照自己认为正确的方式去做。事：事情；事故。“事”不能用在此处。

gēn shēn dì gù

根深蒂固

根深地固

解析： 蒂：瓜、果等跟茎、叶相连的部分。根深蒂固：根扎得深，蒂结得牢。比喻基础牢固，不易动摇。地：地球；陆地。“地”不能用在此处。

gēng dié

更迭

更跌

解析： 迭：轮流；替换。更迭：轮流更换。跌：摔倒；下降。“跌”与“迭”字形相近，但不能混用。

gěng zhí

耿直

~~哽直~~

解析： 耿：正直。耿直：正直；直爽。哽：（喉咙）声音阻塞（多指因感情激动）。“哽”不能与“直”搭配。

G

gū míng diào yù

沽名钓誉

~~姑名钓誉~~

解析： 沽：买。沽名钓誉：用不正当手段猎取荣誉。姑：姑姑。“姑”与“沽”字形相近，但不能混用。

gǔ gěng zài hóu

骨鲠在喉

~~骨梗在喉~~

解析： 鲠：鱼骨头。骨鲠在喉：骨头或鱼刺卡在喉咙里。比喻心里有话，不说出来非常难受。梗：植物的枝或茎。“梗”与“鲠”字形相近，但不能混用。

gǔ huò rén xīn

蛊惑人心

~~鼓惑人心~~

解析： 蛊：诱惑；迷惑。蛊惑人心：用欺骗、引诱等手段迷惑或毒害人的思想。鼓：一种打击乐器。“鼓”不能用在此处。

gù míng sī yì

顾名思义

~~故~~名思义

解析： 顾：看。顾名思义：看到名称而联想到含义。故：事故；原因。“故”不能用在此处。

gù jí

痼疾

~~固~~疾

解析： 痼疾：经久难治愈的（病）。固：坚固；坚硬。“固”与“痼”字形相近，但不能混用。

guān mó

观摩

观~~摹~~

解析： 摩：研究切磋。观摩：观看彼此的成绩，交流经验、互相学习。摹：照着样子写或画；模仿。“摹”与“摩”字形相近，但不能混用。

guān miǎn táng huáng

冠冕堂皇

~~官~~冕堂皇

解析： 冠：帽子。冠冕堂皇：形容表面上很庄严正大的样子。官：政府或军队中经过任命的、一定等级以上的公职人员。“官”不能用在此处。

guǎng mào

广袤

广茅

解析：袤：南北的长度，也泛指长度。广：东西的长度，也泛指宽度。广袤：指土地的面积。茅：白茅，草本植物。“茅”与“袤”字形相近，但不能混用。

guī ju

规矩

规距

解析：矩：画直角或方形用的曲尺。规：画圆形的工具。规矩：借指一定的标准、法则或习惯。距：距离。“距”与“矩”字形相近，但不能混用。

guǐ jì

诡计

鬼计

解析：诡：奸诈；狡猾。诡计：狡诈的计策。鬼：迷信的人所说的人死后的灵魂。“鬼”不能与“计”搭配。

guǐ jué

诡谲

诡橘

解析：谲：诡诈；奇特。诡谲：奇异多变；怪诞；奸诈。橘：橘子。“橘”与“谲”字形相近，但不能混用。

H

hǎi shì shèn lóu

海市蜃楼

海市甚楼（×）

解析：蜃：大蛤蜊。海市蜃楼：传说中蜃能吐气形成楼台等景观，叫海市，也叫蜃楼。实际上这是大气中由于光线的折射作用，把远处的景物显现在地面以下或空中的自然现象。甚：很；极。“甚”不能用在此处。

hán qíng mò mò

含情脉脉

含情默默（×）

解析：脉脉：默默地用眼神或行动表达情意的样子。含情脉脉：眼神包含着缠绵深长的情意。默：不说话；不出声。“默”不能用在此处。

hán xīn rú kǔ

含辛茹苦

含辛如苦（×）

解析：茹：吃。含辛茹苦：口中咀嚼着苦味。比喻忍受种种艰辛。如：如同。“如”与“茹”字形相近，但不能混用。

hán yīng jǔ huá

含英咀华

含英咀花

解析： 英、华均指花，引申为精华。含英咀华：品味花的芬芳。比喻琢磨、领悟诗文的精华。花：可供观赏的植物。“花”不能用在此处。

hán xuān

寒暄

寒喧

解析： 暄：（太阳）温暖。寒暄：见面时互相说些天气冷暖之类的应酬话。喧：声音大。“喧”与声音有关，“暄”与温度有关，应该用“暄”与“寒”搭配。

hàn liú jiā bèi

汗流浃背

汗流夹背

解析： 浃：透；遍及。汗流浃背：汗水湿透了背上的衣服。原形容极度恐慌或惭愧的样子。现也泛指通身大汗。夹：从相对的方面加压力，使物体固定。“夹”与“浃”字形相近，但不能混用。

hàng xiè yī qì

沆瀣一气

沆泄一气

解析： 沆瀣：夜间的水汽。沆瀣一气：比喻臭味相投的人结合在一起。泄：液体、气体排出。“泄”不能用在此处。

hào gāo wù yuǎn

好高骛远

好高鹜远

解析： 骛：追求。好高骛远：不切实际地追求过高过远的目标。鹜：鸭子。“鹜”与“骛”字形相近，但不能混用。

hé yán yuè sè

和颜悦色

和言悦色

解析： 颜：表情；脸色。和颜悦色：脸上露出和善喜悦的神色。形容态度和蔼可亲。言：话；说。“言”不能用在此处。

hōng táng dà xiào

哄堂大笑

轰堂大笑

解析： 哄：形容许多人大笑或喧哗的声音。哄堂大笑：指屋子里的人全都大笑起来。轰：形容巨大的声响。“轰”不能用在此处。

hōng chèn

烘衬

哄衬

解析： 烘：用火或蒸汽使身体暖和或使物体变热或干燥。烘衬：烘托映衬。哄：许多人同时发出的声音；起哄。“哄”与“烘”字形相近，但不能混用。

H

hǔ jù lóng pán

虎踞龙盘

~~虎据龙盘~~

解析： 踞：占据。虎踞龙盘：形容地势雄伟险要。据：按照；依据。“据”与“踞”字形相近，但不能混用。

hǔ shì dān dān

虎视眈眈

~~虎视耽耽~~

解析： 眈眈：形容眼睛注视。虎视眈眈：像老虎那样凶狠而贪婪地注视着。耽：延迟；沉溺。“耽”与“眈”字形相近，但不能混用。

hù è bù quān

怙恶不悛

~~怙恶不俊~~

解析： 悛：悔改。怙恶不悛：坚持作恶，不肯悔改。俊：容貌秀丽。“俊”与“悛”字形相近，但不能混用。

huàn sàn

涣散

~~焕散~~

解析： 涣：消散。涣散：松弛；散漫。焕：光明；光亮。“焕”与“涣”字形相近，但不能混用。

huǎng zi

幌子

~~晃子~~

解析：幌：帷幔。幌子：旧时商店门前悬挂的表明所卖商品的标志。比喻进行某种活动时所假借的名义。晃：闪耀；很快地闪过。“晃”与“幌”字形相近，但不能混用。

H

huī jìn

灰烬

~~灰赆~~

解析：灰烬：物体燃烧后的灰和烧剩下的东西。赆：临别时赠送的财物。“赆”与“烬”字形相近，但不能混用。

huī xié

诙谐

~~恢谐~~

解析：诙：说话幽默。诙谐：说话富有风趣，引人发笑。恢：广大；宽广。“恢”与“诙”字形相近，但不能混用。

huì lù

贿赂

~~汇赂~~

解析：“贿”与“赂”均指财物。贿赂：用财物买通人。汇：汇合；聚集。“汇”不能与“赂”搭配。

hún shēn xiè shù

浑身解数

浑身懈数

解析： 解：旧时指杂技表演的各种技艺，特指骑在马上表演的技艺。浑身解数：全身武艺。指全身的本领。懈：松懈；漏洞。“懈”与“解”字形相近，但不能混用。

huò qǐ xiāo qiáng

祸起萧墙

祸起箫墙

解析： 萧墙：照壁，大门内对着大门做屏蔽的墙壁。比喻内部。祸起萧墙：祸乱发生在屏风以内。比喻内部出乱子。箫：一种管乐器。“箫”与“萧”字形相近，但不能混用。

huò dá

豁达

霍达

解析： 豁：开阔；通达。豁达：心胸开阔；性格开朗。霍：迅速；突然。“霍”不能与“达”搭配。

J

jí xiáng

吉祥

吉详

解析： 祥：吉利。吉祥：幸运；吉利。详：详细。“详”与“祥”字形相近，但不能混用。

jí jí kě wēi

岌岌可危

及及可危

解析： 岌岌：形容山势高耸；形容十分危险，快要倾覆或灭亡。岌岌可危：极其危险。及：达到；到。“及”与“岌”字形相近，但不能混用。

jí shǐ

即使

既使

解析： 即使：表示假设的让步，下半句常用“也”呼应。既：已经。“既”与“即”字形相近，但不能混用。

jí dài

亟待

急待

解析：亟：急迫地。亟待：迫切等待，急切需要。急：着急。“急”不能与“待”搭配。

jí gōng jìn lì

急功近利

急攻近利

解析：功：功劳；成效。急功近利：急于取得眼前的成效和利益。攻：攻打。“攻”与“功”字形相近，但不能混用。

jí liú yǒng tuì

急流勇退

激流勇退

解析：急：很快而且猛烈。急流勇退：在急流中果断退却。比喻在顺利或得意时应及时隐退，以保全自己。激：水因受到震荡而飞溅向上涌。“激”不能用在此处。

jì huì

忌讳

忌会

解析：讳：因有所顾忌而不敢说或不愿说。忌讳：对某些言语或举动有所顾忌而采取回避态度。会：理解；懂得。“会”不能与“忌”搭配。

jǐ jǐ yī táng

济济一堂

~~挤挤一堂~~

解析：济济：形容人多。济济一堂：形容许多有才能的人聚集在一起。挤：（人、物）紧紧靠拢在一起；（事情）集中在同一时间内。“挤”与“济”字形相近，但不能混用。

jì rán

既然

~~即然~~

解析：既：已经。既然：连词，用于前一小句，后一句常用“就”“也”“还”跟它呼应。表示提出前提，而后加以推论。也有已然的意思。即：即使。“即”与“既”字形相近，但不能混用。

jiān rú pán shí

坚如磐石

~~坚如罄石~~

解析：磐：大石头。坚如磐石：坚固得像大石头一样。形容不可动摇。磬：古代打击乐器，形状像曲尺，用玉或石制成。“磬”与“磐”字形相近，但不能混用。

jiān mò

缄默

~~减默~~

解析：缄：封闭。缄默：闭着嘴不说话。减：由原有数量中去掉一部分。“减”与“缄”字形相近，但不能混用。

J

jiǎn liàn
简练

~~简炼~~

解析：练：经验多；纯熟。简练：（文辞）简要；精练。炼：用加热等办法使物质纯净或坚韧。“炼”与“练”字形相近，但不能混用。

jiàn yì sī qiān
见异思迁

~~见义思迁~~

解析：异：有分别；不相同。见异思迁：看到别的事物就想改变原来的主意。多指意志不坚定或喜好不专一。义：正义；情谊。“义”不能用在此处。

jiàn bié
饯别

~~栈别~~

解析：饯：设酒食送行。饯别：饯行。栈：栈道，在悬崖峭壁上凿孔架木而成的窄路。“栈”与“饯”字形相近，但不能混用。

jiǎo xìng
侥幸

~~狡幸~~

解析：侥幸：偶然获得成功或意外免去灾害。狡：奸猾；诡诈。“狡”不能与“幸”搭配。

J

jiǎo jiàn

矫健

骄健（误）

解析：矫：强壮；勇武。矫健：强壮有力。骄：自高自大；骄傲。“骄”与“矫”字形相近，但不能混用。

---

jiǎo róu zào zuò

矫揉造作

娇揉造作（误）

解析：矫：扳正；使弯曲的变直。矫揉造作：形容故意做作，极不自然。娇：美丽可爱。“娇”与“矫”字形相近，但不能混用。

---

jiē qià

接洽

接恰（误）

解析：洽：跟人商量彼此有关的事。接洽：跟人联系，商量彼此有关的事。恰：适当；刚好。“恰”与“洽”字形相近，但不能混用。

---

jié rán

孑然

子然（误）

解析：孑：单独；孤立。孑然：孤独的样子。子：古代指儿女，现专指儿子。“子”与“孑”字形相近，但不能混用。

jié nàn

劫难

~~截~~难

解析：劫：灾难。劫难：灾难；灾祸。截：切断；阻拦。“截”不能与“难”搭配。

jié zé ér yú

竭泽而渔

竭泽而~~鱼~~

解析：渔：捕鱼。竭泽而渔：放干湖泊或池塘中的水捕鱼。比喻只图眼前利益，不作长远打算，办事不留余地。鱼：生活在水中的一种脊椎动物。“鱼”与“渔”字形相近，但不能混用。

jīn guó yīng xióng

巾帼英雄

巾~~国~~英雄

解析：帼：古代妇女的头巾。巾帼英雄：指女子中的杰出人物。国：国家。“国”与“帼”字形相近，但不能混用。

jīn bǎng tí míng

金榜题名

金榜~~提~~名

解析：题：写上；签上。金榜题名：原指科举得中，榜上有名。后泛指考试被录取。提：指出或举出。“提”与“题”字形相近，但不能混用。

jīn bì huī huáng

金碧辉煌

金壁辉煌

解析： 碧：形容青绿色。金碧辉煌：形容华丽精致、光彩夺目。壁：墙。“壁”不能用在此处。

jīn jīn lè dào

津津乐道

斤斤乐道

解析： 津津：兴趣浓厚的样子。津津乐道：指很有兴趣地谈论。斤：重量单位。“斤”不能用在此处。

jìn tài jí yán

尽态极妍

尽态极艳

解析： 妍：美丽。尽态极妍：使仪态的美艳淋漓尽致地表现出来。艳：色彩鲜明；鲜艳。“艳”不能用在此处。

jìn tuì wéi gǔ

进退维谷

进退唯谷

解析： 维：是。进退维谷：形容处于进退两难的困境。唯：单单；只是。“唯”与“维”字形相近，但不能混用。

J

jìn gù
禁锢

禁固

解析：锢：用熔化的金属堵塞金属物品的空隙。禁锢：监禁；束缚。固：坚固；坚硬。“固”与“锢”字形相近，但不能混用。

jìn ruò hán chán
噤若寒蝉

禁若寒蝉

解析：噤：闭口，不说话。噤若寒蝉：像寒蝉那样一声不响。指不敢说话。禁：不准许；制止。“禁”与“噤”字形相近，但不能混用。

jīng wèi bù fēn
泾渭不分

径渭不分

解析：泾：泾河。泾渭不分：泾水渭水，哪个清哪个浊都分不清。比喻好坏不分，是非不辨。径：狭窄的道路；比喻达到目的的方法。“径”与“泾”字形相近，但不能混用。

jīng qí
旌旗

经旗

解析：旌：古代一种用五色羽毛做装饰的旗子，泛指旗帜。旌旗：各种旗子的统称。经：织物上的纱和线。“经”不能与“旗”搭配。

jīng bīng jiǎn zhèng
精兵简政

精兵减政

解析： 简：使简单；简化。精兵简政：精简军队编制或行政机构。泛指减少人员和机构，以提高工作效率。减：由原有数量中去掉一部分；降低。“减”不能用在此处。

jīng cuì
精粹

精萃

解析： 粹：纯粹。精粹：精练纯粹。萃：聚集；聚在一起的人或事物。“萃”与“粹”字形相近，但不能混用。

jīng zhàn
精湛

精堪

解析： 湛：（程度）深。精湛：精深；高超。堪：能够；经得起。“堪”与“湛”字形相近，但不能混用。

jìng luán
痉挛

痉孪

解析： 痉挛：肌肉紧张，不自然地收缩。孪：（两人）同一胎出生。“孪”与“挛”字形相近，但不能混用。

jìng mì

静谧

静宓

解析：谧：安宁；平静。静谧：宁静；安静。宓：安静。“宓”不能与“静”搭配。

jiù xù

就绪

就序

解析：绪：原指丝的头，比喻事物的开端。就绪：事物安排妥当。序：次序。“序”不能与“就”搭配。

jū jī

狙击

沮击

解析：狙：窥伺。狙击：埋伏起来等待机会袭击敌人。沮：阻止；（气色）败坏。“沮”与“狙”字形相近，但不能混用。

jū gōng jìn cuì

鞠躬尽瘁

鞠躬尽萃

解析：瘁：过度劳累。鞠躬尽瘁：恭敬勤谨，不辞劳苦。萃：聚集；聚在一起的人或事物。“萃”与“瘁”字形相近，但不能混用。

jǔ qí bù dìng
举棋不定

举旗不定

解析： 棋：棋子。举棋不定：拿着棋子不知下哪一着好。比喻临事犹豫不决，拿不定主意。旗：用绸布、纸张等做成的标志，多挂在杆子或墙壁上。“旗”与“棋”字形相近，但不能混用。

jué zé
抉择

决择

解析： 抉：剔出；剜出。抉择：挑选；选择。决：决定。“决”与“抉”字形相近，但不能混用。

jué chù féng shēng
绝处逢生

绝处缝生

解析： 逢：遇到；遇见。绝处逢生：在最危险的处境中又得生路。形容脱离险境，幸得生机。缝：缝隙。“缝”与“逢”字形相近，但不能混用。

K

kǎn kǎn ér tán

侃侃而谈

砍砍而谈

解析： 侃侃：说话理直气壮，从容不迫的样子。侃侃而谈：形容爽直、从容地说话。砍：用刀斧猛力地把东西断开。“砍”不能用在此处。

---

kào láo

犒劳

槁劳

解析： 犒劳：用酒食等慰劳。槁：干枯。“槁”与“犒”字形相近，但不能混用。

---

kē jiù

窠臼

窠旧

解析： 臼：舂米的器具，用石头或木头制成，中部凹下。窠臼：现成的格式；老套子。旧：过去的；以往的。“旧”不能与“窠”搭配。

kè shǒu bù yú

恪守不渝

~~克~~守不渝

解析：恪：谨慎而恭敬。恪守不渝：严格遵守，始终不变。克：克服；克制。“克”不能用在此处。

kè rán

溘然

~~磕~~然

解析：溘然：忽然；突然。磕：撞在硬东西上；磕打。“磕”与“溘”字形相近，但不能混用。

kēng qiāng

铿锵

铿~~镪~~

解析：锵：形容撞击金属器物的声音。铿锵：形容声音响亮和谐。镪：强酸的俗称。“镪”不能与“铿”搭配。

kōng kōng rú yě

空空如也

空空如~~野~~

解析：也：助词。空空如也：空空洞洞，什么也没有。野：田野；野外。“野”不能用在此处。

K

kǒu mì fù jiàn

口蜜腹**剑**

~~口蜜腹箭~~

解析：剑：古代的一种兵器。口蜜腹剑：口里说得动听，心里却盘算着坏主意。形容嘴甜心狠，阴险毒辣。箭：搭在弓弩上发射的兵器，细杆的前端有金属的箭头。“箭”不能用在此处。

kū gǎo

枯**槁**

~~枯稿~~

解析：槁：干枯。枯槁：（草木）干枯；（脸色）憔悴。稿：稿子。“稿”与“槁”字形相近，但不能混用。

kū wěi

枯**萎**

~~枯委~~

解析：萎：干枯；衰落。枯萎：（草木）干枯萎缩。委：无精打采；不振作。“委”与“萎”字形相近，但不能混用。

kǔ sè

苦**涩**

~~苦色~~

解析：涩：像明矾或生柿子那样使人舌头感到麻木干燥的味道。苦涩：又苦又涩，形容内心痛苦。色：颜色；神色。“色”一般情况下不能与“苦”搭配。

kǔ xīn gū yì

苦心孤诣

~~苦心孤意~~

解析： 诣：（学业、技术）所达到的程度。苦心孤诣：用尽苦心，达到了别人达不到的境地。指精心钻研学问或技艺，很有独到之处。意：意思；用意。“意”不能用在此处。

kuài zhì rén kǒu

脍炙人口

~~烩炙人口~~

解析： 脍：切得很细的鱼或肉。脍炙人口：美味的食物为人们所喜爱。比喻好的文艺作品人人都称赞、传颂。烩：一种烹饪方法。“烩”与“脍”字形相近，但不能混用。

kuī shì

窥视

~~睽视~~

解析： 窥：从小孔、缝隙或隐蔽的地方偷偷地看；暗中察看。窥视：窥探。睽：违背。“睽”不能与“视”搭配。

kuǐ lěi

傀儡

~~傀藟~~

解析： 傀儡：木偶戏里的木头人，比喻受人操纵的人或组织。藟（lěi）：藤；缠绕。“藟”不能与“傀”搭配。

K

K

kuì fá

匮乏

~~篑~~乏

解析：匮：缺乏。匮乏：（物资）缺乏、贫乏。篑：盛土的筐子。“篑”与“匮”字形相近，但不能混用。

kuì tàn

喟叹

~~愧~~叹

解析：喟：叹气。喟叹：因感慨而叹气。愧：惭愧。“喟”与“叹”均与口有关，应该用“喟”与“叹”搭配。

kuì zèng

馈赠

~~溃~~赠

解析：馈赠：赠送（礼品）。溃：（水）冲破（堤坝）；（军队）被打垮。“溃”与“馈”字形相近，但不能混用。

L

lā ta

邋遢

瘌遢

解析：邋遢：不整洁；不利落。瘌：黄癣。“瘌”不能与“遢”搭配。

lǎn duò

懒惰

懒堕

解析：惰：懒（跟“勤”相对）。懒惰：不爱劳动和工作；不勤快。堕：落；掉。“懒”与“惰”均与人的主观想法有关，应该用“惰”与“懒”搭配。

láo yì jié hé

劳逸结合

劳役结合

解析：逸：安乐；安闲。劳逸结合：既要努力工作，也要适当休息。役：需要出劳力的事。“役”不能用在此处。

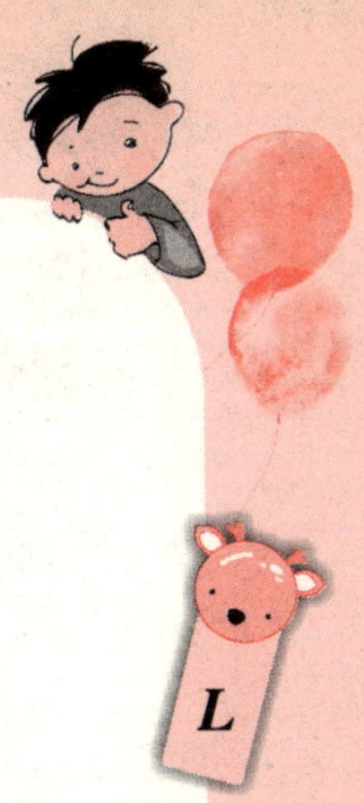

L

lǎo jiān jù huá

老奸巨猾

老奸巨滑

解析： 猾：狡猾。老奸巨猾：老于世故，极其奸诈、狡猾。滑：油滑；狡诈。“滑”与“猾”字形相近，但不能混用。

lǎo shēngcháng tán

老生常谈

老声常谈

解析： 老生：老书生。老生常谈：老书生经常谈论的事物或观点。指毫无新意的理论或老话。声：声音。“声”不能用在此处。

lè cǐ bù pí

乐此不疲

乐此不彼

解析： 疲：疲乏；劳累。乐此不疲：指对某事物特别有兴趣，因而沉溺其中，不知疲惫。彼：那；那个。“彼”与“疲”字形相近，但不能混用。

lěi luò

磊落

垒落

解析： 磊：石头多；堆叠。磊落：胸怀坦白，光明正大。垒：用砖、石等砌筑。“垒”不能与“落”搭配。

lí jīng pàn dào

离经叛道

离经判道

解析：叛：背叛。离经叛道：背离儒家尊奉的经典和道统。后指思想、行为异常，违背占主导地位的思想和传统。判：分开；分辨；评定。“判”与“叛”字形相近，但不能混用。

lì bīng mò mǎ

厉兵秣马

利兵秣马

解析：厉：通“砺”，磨刀石，引申为磨砺。厉兵秣马：磨快兵器，喂饱战马。指做好战斗准备。利：锋利，锐利。“利”不能用在此处。

lì gān jiàn yǐng

立竿见影

立杆见影

解析：竿：竹竿。立竿见影：在阳光下竖起竹竿，立刻可以看到影子。比喻见效很快。杆：有一定用途的棍状物（多直立在地上）。“杆”与“竿”字形相近，但不能混用。

lì jīng tú zhì

励精图治

厉精图治

解析：励：劝勉。励精图治：振奋精神，千方百计治理好国家或干好事业。厉：严格。“厉”与“励”字形相近，但不能混用。

lì lín
莅临
~~位~~临

解析：莅：到。莅临：来到；来临（多用于贵宾）。位：所在或所占的地方；地位。“位”与“莅”字形相近，但不能混用。

lián mèi
联袂
联~~决~~

解析：袂：袖子。联袂：手拉着手，指一同来或去。决：决定。“决”与“袂”字形相近，但不能混用。

liáo liáo wú jǐ
寥寥无几
~~廖廖~~无几

解析：寥寥：稀少；极少。寥寥无几：形容非常稀少。廖：姓。“廖”与“寥”字形相近，但不能混用。

liào wàng
瞭望
~~了~~望

解析：瞭：登高望远。瞭望：登高望远，特指从高处或远处监视敌情。了：完毕；结束。“了”不能与“望”搭配。

lín láng mǎn mù

琳琅满目

琳郎满目

解析： 琅：一种玉石。琳琅满目：满眼都是美玉。指美好珍贵的事物特别多。郎：古代官名。“郎”不能用在此处。

lín xuǎn

遴选

鳞选

解析： 遴：谨慎选择。遴选：选拔（人才）；泛指挑选。鳞：鱼类、爬行动物和少数哺乳动物身体表面的角质或骨质薄片，具有保护作用。“鳞”与“遴”字形相近，但不能混用。

lín cì zhì bǐ

鳞次栉比

鳞次节比

解析： 栉：梳子、篦子等梳头的用具。鳞次栉比：像鱼鳞或梳篦的齿一个挨一个地顺次排列着。节：物体各段之间相连的地方；段落。“节”与“栉”字形相近，但不能混用。

líng yá lì chǐ

伶牙俐齿

伶牙利齿

解析： 俐：伶俐。伶牙俐齿：形容口才好，能说会道，善于应对。利：锋利，锐利。“利”与“俐”字形相近，但不能混用。

L

liú lǎn
浏览

~~流~~览

解析：浏：形容风急。浏览：粗略地看；泛泛地看。流：液体移动；流动。“流”不能与“览”搭配。

liú fāng bǎi shì
流芳百世

~~留~~芳百世

解析：流：流传。流芳百世：好名声永远流传于后世。留：停在某个处所或地位不离去。“留”不能用在此处。

liú yán fēi yǔ
流言蜚语

流言~~非~~语

解析：蜚：通“飞”。流言蜚语：没有根据的话。多指背后议论、诽谤或挑拨离间的话。也作“流言飞语”。非：错误；不对的事。“非”不能用在此处。

lú huǒ chún qīng
炉火纯青

炉火纯~~清~~

解析：青：纯蓝色。炉火纯青：古代道家炼丹，到炉火出现纯蓝色的火焰时就算成功。后用以比喻修养、学问、技艺等达到精湛完美的境界。清：纯净；纯洁。“清”与“青”字形相近，但不能混用。

M

mài bó

脉搏

脉博

解析：搏：跳动。脉搏：心脏收缩时，由于输出血液的冲击引起的动脉的跳动。比喻社会、生活等发展、变化的情况或趋势。博：多；丰富；知道得多。“博”与“搏”字形相近，但不能混用。

màn mà

谩骂

漫骂

解析：谩：轻慢，没有礼貌。谩骂：用轻慢、嘲笑的态度骂。漫：水过满，向外流。“漫”与“谩”字形相近，但不能混用。

máo gǔ sǒng rán

毛骨悚然

毛骨耸然

解析：悚：害怕。毛骨悚然：毛发竖起，脊梁骨发冷。形容非常恐惧。耸：高起；直立。“耸”不能用在此处。

máo zéi

蟊贼

~~毛~~贼

解析： 蟊：吃草根的害虫。蟊贼：指危害人民或国家的坏人。毛：动植物皮上生的丝状物；鸟类的羽毛。“毛”不能与“贼”搭配。

mào rán

贸然

~~冒~~然

解析： 贸：轻率；冒失。贸然：轻率而不加考虑地。冒：冒失；冒昧。“冒”不能与“然”搭配。

méi qì jī

煤气机

煤~~汽~~机

解析： 气：气体。煤气机：用煤气、天然气、沼气等做燃料的内燃机。汽：液体或某些固体受热而变成的气体。“汽”与“气”字形相近，但不能混用。

méi tàn

煤炭

煤~~碳~~

解析： 炭：木炭的通称；煤。煤炭：矿物，褐色或黑褐色，主要成分是碳，是古代植物埋在地下形成的，用作燃料和化工原料。碳：一种非金属元素。“碳”与“炭”字形相近，但不能混用。

mēng dǒng

懵懂

~~蒙~~懂

解析：懵懂：糊涂；不明事理。蒙：愚昧；无知。“蒙”不能与“懂”搭配。

mèng mèi yǐ qiú

梦寐以求

梦~~昧~~以求

解析：寐：睡。梦寐以求：睡梦中都在追求。形容愿望十分迫切。昧：糊涂；不明白。“昧”不能用在此处。

mèng yǎn

梦魇

梦~~餍~~

解析：魇：发生梦魇。梦魇：睡眠中做感到压抑而呼吸困难的梦。餍：吃饱；满足。“餍”与“魇”字形相近，但不能混用。

mì jué

秘诀

~~密~~诀

解析：秘：不公开的；隐秘的。秘诀：不公开的能够解决问题的巧妙办法。密：事物之间的距离近；关系近。“密”不能与“诀”搭配。

mián lǐ cáng zhēn

绵里藏针

~~棉~~里藏针

解析： 绵：丝绵。绵里藏针：针藏在丝绵里。比喻表面温和，内心尖刻。也比喻柔中有刚。棉：棉花。“棉”与“绵”字形相近，但不能混用。

miǎn tiǎn

腼腆

~~湎~~腆

解析： 腼腆：因怕生或害羞而神情不自然。湎：沉溺；沉迷。“湎”与“腼”字形相近，但不能混用。

miàn miàn xiāng qù

面面相觑

面面相~~觊~~

解析： 觑：看；瞧。面面相觑：面对面互相看着。形容无可奈何或束手无策的样子。觊：希望；希图。“觊”与“觑”字形相近，但不能混用。

miàn shòu jī yí

面授机宜

面授机~~益~~

解析： 宜：合适。面授机宜：当面传授应付局面的策略、方法。益：好处；有益。“益”不能用在此处。

miáo mó
描摹

描模

解析：描摹：照着样子写或画。模：规范；仿效。“描”和“摹”均与手相关，应该用“摹”和“描”搭配。

miǎo shì
藐视

渺视

解析：藐视：轻视；小看。渺：微小；形容辽阔无际。“藐”不仅有微小的意思，还有小看、轻视的意思，应该用“藐”与“视”搭配。

mǐn miè
泯灭

抿灭

解析：泯：消灭；丧失。泯灭：（形迹、印象等）消灭。抿：（嘴、耳朵、翅膀等）稍稍合拢、收敛。“抿”与“泯”字形相近，但不能混用。

míng liè qián máo
名列前茅

名列前矛

解析：茅：白茅，草本植物。名列前茅：指名次排在前面。矛：古代的一种兵器，在长杆的一端装有金属枪头。“矛”与“茅”字形相近，但不能混用。

míng piàn
名片
明片

解析：名：名字；名称。名片：交际时所用的向人介绍自己的长方形硬纸片，上面印着自己的姓名、职务、地址、电话、电子信箱等。明：明亮（跟“暗”相对）；明白。“明”不能与“片”搭配。

míng huǒ zhí zhàng
明火执仗
明火直仗

解析：执：拿着。明火执仗：点起火把，手拿武器。原指强盗公开抢劫。后指毫无顾忌地做坏事。直：成直线的（跟“曲”相对）。“直”不能用在此处。

míng sī kǔ xiǎng
冥思苦想
名思苦想

解析：冥：深奥；深沉。冥思苦想：形容绞尽脑汁，苦苦思考。名：名字；名称。“名”不能用在此处。

mǐng dǐng dà zuì
酩酊大醉
酩顶大醉

解析：酩酊：醉得迷迷糊糊的样子。酩酊大醉：形容喝得大醉。顶：人体或物体上最高的部分。“顶”不能用在此处。

mó jiān jiē zhǒng

摩肩接踵

~~摸~~肩接踵

解析： 摩：摩擦；接触。摩肩接踵：肩擦着肩，脚碰着脚。形容人多拥挤。摸：用手接触或接触后轻轻移动。“摸”不能用在此处。

mò zhōng yī shì

莫衷一是

莫~~中~~一是

解析： 衷：断定。莫衷一是：不能断定哪一个正确。中：中心。“中”不能用在此处。

mò bù guān xīn

漠不关心

~~莫~~不关心

解析： 漠：冷淡；不经心。漠不关心：形容态度冷漠，毫不关心。莫：不；不要。“莫”与“漠”字形相近，但不能混用。

mù bù jiāo jié

目不交睫

目不交~~捷~~

解析： 睫：睫毛。目不交睫：上下眼睑的睫毛不能交合，即不合眼。形容不能入睡的样子。捷：快。“捷”与“睫”字形相近，但不能混用。

mù bù shí dīng
目不识丁

目不识钉

解析：丁：成年男子。目不识丁：像"丁"这样简单的字看到也不认识。指一字不识。钉：金属制成的主要起固定或连接作用的细棍形物体。"钉"与"丁"字形相近，但不能混用。

mù juān
募捐

蓦捐

解析：募：广泛征集（财物或兵员等）。募捐：募集捐款。蓦：突然。"蓦"与"募"字形相近，但不能混用。

mù ǎi
暮霭

暮蔼

解析：霭：云气。暮霭：傍晚时的云气。蔼：和气；态度好。"蔼"与"霭"字形相近，但不能混用。

N

nánɡ kōnɡ xiū sè

囊空羞涩

~~馕~~空羞涩

解析：囊：口袋。囊空羞涩：因缺钱而感到难为情。指经济困难。馕：一种烤制的面饼。“馕”与“囊”字形相近，但不能混用。

nǎo xiū chénɡ nù

恼羞成怒

~~脑~~羞成怒

解析：恼：生气；烦闷。恼羞成怒：因懊恼惭愧而发怒。脑：脑筋；思考、记忆的能力。“脑”与“恼”字形相近，但不能混用。

nèi hònɡ

内讧

内~~哄~~

解析：内讧：集团内部由于争权夺利等原因而发生冲突或战争。哄：吵闹；开玩笑。“哄”不能与“内”搭配。

nèi jiù

内疚

~~内柩~~

解析：疚：对于自己的错误感到内心痛苦。内疚：心里感到惭愧不安。柩：装着尸体的棺材。“柩”与“疚”字形相近，但不能混用。

N

nì míng

匿名

~~溺名~~

解析：匿：隐藏；不让人知道。匿名：不具名或不写真实姓名。溺：淹没在水里；沉迷不悟。“溺”不能与“名”搭配。

nì ài

溺爱

~~腻爱~~

解析：溺：淹没在水里；沉迷不悟。溺爱：过分地宠爱；特别喜爱。腻：食物中油脂过多；厌烦。“腻”不能与“爱”搭配。

niǔ ní

忸怩

~~扭怩~~

解析：忸怩：不好意思或不大方的样子。扭：扭转；转动。“扭”不能与“怩”搭配。

nòng qiǎo chéng zhuō

弄巧成拙

弄巧成绌

解析： 拙：拙笨。弄巧成拙：本想要弄聪明，不料却做了蠢事。绌：不够；不足。“绌”与“拙”字形相近，但不能混用。

nú yán bì xī

奴颜婢膝

奴颜卑膝

解析： 婢：婢女。奴颜婢膝：像奴隶似的卑躬屈膝、低声下气。形容谄媚讨好、奴性十足的样子。卑：（地位或位置）低下。“卑”与“婢”字形相近，但不能混用。

nù bù kě è

怒不可遏

怒不可扼

解析： 遏：阻止；禁止。怒不可遏：愤怒得抑制不住。扼：用力掐住。“扼”不能用在此处。

O

ōu gē
讴歌
~~呕~~歌

解析：讴：歌唱。讴歌：歌颂；赞美。呕：吐。“呕”与“讴”字形相近，但不能混用。

ōu dǎ
殴打
~~欧~~打

解析：殴打：（打）人。欧：欧洲。“欧”与“殴”字形相近，但不能混用。

ǒu xīn lì xuè
呕心沥血
~~沤~~心沥血

解析：呕：吐。呕心沥血：形容费尽心血，历尽辛苦。沤：长时间地浸泡。“沤”与“呕”字形相近，但不能混用。

ǒu duàn sī lián

藕断丝连

偶断丝连

解析： 藕：莲的地下茎。藕断丝连：藕被折断，藕丝还连着。比喻表面上断绝了关系，实际上仍有牵连。偶：双数的；成对的。“偶”与“藕”字形相近，但不能混用。

òu qì

怄气

呕气

解析： 怄：怄气。怄气：生闷气；闹别扭。呕：吐。“呕”与“怄”字形相近，但不能混用。

P

pái huái

徘徊

排徊

解析： 徘徊：在一个地方来回地走，比喻犹疑不决。排：按着顺序摆；排列。“排”不能与“徊”搭配。

páng zhēng bó yǐn

旁征博引

旁证博引

解析： 征：证明；证验。旁征博引：指写文章、发议论时，广泛地引用大量资料进行论证。证：证明；证据。“证”与“征”字形相近，但不能混用。

pēng jī

抨击

砰击

解析： 抨：指责攻击；弹劾。抨击：用评论来攻击（某人或某种言论、行动）。砰：形容撞击或重物落地的声音。“砰”与“抨”字形相近，但不能混用。

péng bì shēng huī

蓬荜生辉

篷荜生辉

解析： 蓬荜：常用作自家住房的谦称。蓬荜生辉：使我的家增添了光辉。表示由于别人的到来或张挂别人的字画等而使自己感到非常荣耀。篷：遮蔽太阳或风雨的设备。“篷”与“蓬”字形相近，但不能混用。

P

pī lòu

纰漏

批漏

解析： 纰：布帛丝缕等破坏、散开。纰漏：因疏忽而产生的差错或漏洞。批：对下级文件表示意见或对文章予以批评（多指写在原件上）。“批”与“纰”字形相近，但不能混用。

pī gān lì dǎn

披肝沥胆

披肝历胆

解析： 沥：液体一滴一滴地落下。披肝沥胆：披露肝胆，赤诚相见。也指竭诚效忠。历：经历；经过。“历”与“沥”字形相近，但不能混用。

pí lín

毗邻

毗临

解析： 邻：邻接；临近。毗邻：（地方）毗连。临：靠近；对着。“临”不能与“毗”搭配。

pì yáo

辟谣

劈谣

解析：辟：驳斥；排除（不正确的言论或谣言）。辟谣：说明真相，驳斥谣言。劈：用刀斧纵着破开。“劈”与“辟”字形相近，但不能混用。

P

pì měi

媲美

毗美

解析：媲：匹敌；比得上。媲美：美好的程度差不多。毗：连接；相连。“毗”不能与“美”搭配。

piāo hàn

剽悍

骠悍

解析：剽：动作敏捷。剽悍：敏捷而勇猛。骠：形容马快跑；勇猛。“骠”与“剽”字形相近，但不能混用。

pín jí

贫瘠

贫脊

解析：贫瘠：土地不肥沃。脊：人或动物背上中间的骨头。“脊”与“瘠”字形相近，但不能混用。

Q

qī qiao
蹊跷
~~溪~~跷

解析： 蹊跷：奇怪；可疑。溪：原指山间的小河沟，泛指小河。“溪”与“蹊”字形相近，但不能混用。

qí pā
奇葩
奇~~琶~~

解析： 葩：花。奇葩：奇特而美丽的花朵。“琶”常在“琵琶”（一种弹拨乐器）一词中使用。“琶”不能与“奇”搭配。

qí cháng
颀长
~~奇~~长

解析： 颀长：（身体）修长。奇：罕见的；特殊的。“奇”不能与“长”搭配。

qǐ rén yōu tiān

杞人忧天

~~岂人忧天~~

解析： 杞：周朝国名，在今河南杞县一带。杞人忧天：一个杞国人老是怕天会塌下来。借指不必要的忧虑。岂：表示反问。“岂”不能用在此处。

qǐ qì

起讫

~~起迄~~

解析： 讫：（事情）完结；截止。起讫：起止。迄：到；一直。“迄”与“讫”字形相近，但不能混用。

qì gài

气概

~~气慨~~

解析： 概：气度；神情。气概：在重大问题上表现出来的态度、举动或气势。慨：愤激；激昂。“慨”与“概”字形相近，但不能混用。

qì guàn cháng hóng

气贯长虹

~~气贯长洪~~

解析： 虹：彩虹。气贯长虹：正义的精神直上高空，穿过彩虹。洪：大；洪水。“洪”不能用在此处。

qià tán

洽谈

恰谈

解析： 洽：和睦；协调一致。洽谈：洽商。恰：适当；合适。“恰”与“洽”字形相近，但不能混用。

qiān xǐ

迁徙

迁徒

解析： 徙：迁移。迁徙：迁移；变易。徒：步行。“徒”与“徙”字形相近，但不能混用。

qián jù hòu gōng

前倨后恭

前踞后恭

解析： 倨：傲慢。前倨后恭：态度先傲慢后恭敬。踞：占据。“踞”与“倨”字形相近，但不能混用。

qián pū hòu jì

前仆后继

前扑后继

解析： 仆：向前跌倒。前仆后继：前面的倒下了，后面的紧跟上来。形容英勇奋斗，不怕流血牺牲。扑：身体猛地伏在物体上。“扑”与“仆”字形相近，但不能混用。

qiǎn quǎn

缱绻

缱卷

解析：缱绻：形容情意缠绵，难舍难分。卷：把东西裹成圆筒形。“卷”与“绻”字形相近，但不能混用。

qiàn yǐng

倩影

仟影

解析：倩：美丽。倩影：美丽的身影。仟：数字“千”的大写。“仟”不能与“影”搭配。

qiāng hài

戕害

枪害

解析：戕：杀害。戕害：杀害；伤害。枪：一种武器。“枪”不能与“害”搭配。

qiǎo duó tiān gōng

巧夺天工

巧夺天功

解析：工：精巧；精致。巧夺天工：人工的精巧制作胜过天然。形容技艺精妙。功：功劳；成效。“功”不能用在此处。

qiē cuō
切磋

切搓

解析：磋：商讨。切磋：比喻相互商量、研讨。搓：两个手掌摩擦，或把手掌放在别的东西上来回揉。“搓”与“磋”字形相近，但不能混用。

qiè yì
惬意

箧意

解析：惬：（心里）满足。惬意：诚心；满意；心里感到畅快。箧：小箱子。“箧”与“惬”字形相近，但不能混用。

qiè ér bù shě
锲而不舍

契而不舍

解析：锲：雕刻。锲而不舍：不断地雕刻。比喻持之以恒，从不松懈。契：契约。“契”与“锲”字形相近，但不能混用。

qīn nì
亲昵

亲呢

解析：昵：亲热；亲近。亲昵：十分亲密。呢：表示疑问。“呢”与“昵”字形相近，但不能混用。

qīng lài
青**睐**

青徕

解析： 睐：看；向旁边看。青睐：用黑眼珠看人，指对人重视或喜爱。徕：常用于“招徕”一词。“徕”与“睐”字形相近，但不能混用。

qīng ér yì jǔ
轻而**易**举

轻而一举

解析： 易：容易。轻而易举：形容事情容易做，不用费力。一：数目，最小的正整数。“一”不能用在此处。

qīng xī
清**晰**

清淅

解析： 晰：清楚、明白。清晰：清楚。淅：形容风雨声。“淅”与“晰”字形相近，但不能混用。

qíng sù
情**愫**

情素

解析： 愫：诚意；真情。情愫：感情；真实的情意。素：没有染色的丝绸；本色。“素”与“愫”字形相近，但不能混用。

qiú jìng
遒劲
~~逑~~劲

解析： 遒：强健；有力。遒劲：雄健有力。逑：配偶。“逑”不能与“劲”搭配。

qū zhǐ kě shǔ
屈指可数
~~曲~~指可数

解析： 屈：弯曲；使弯曲。屈指可数：弯着手指头就可以数清楚。形容数目很少。曲：弯曲。“曲”不能用在此处。

quán yí zhī jì
权宜之计
~~全~~宜之计

解析： 权：权变；权宜。权宜之计：为应付某种需要而暂时采取的变通办法。全：完备；齐全。“全”不能用在此处。

quán yù
痊愈
~~全~~愈

解析： 痊：病好了；恢复健康。痊愈：病情好转，恢复健康。全：完备；齐全。“全”不能与“愈”搭配。

R

rén cái bèi chū

人才辈出

人才倍出

解析： 辈：行辈，辈分。人才辈出：指有才能的人一批一批地连续涌现。倍：加倍；格外。“倍”不能用在此处。

rěn rǎn

荏苒

任苒

解析： 荏苒：（时间）渐渐地过去。任：任用；担任。“任”不能与“苒”搭配。

rì xīn yuè yì

日新月异

日新月益

解析： 异：不相同。日新月异：天天更新，月月不同。形容发展进步极为迅速。益：好处。“益”不能用在此处。

rǒng cháng
冗长
~~戎长~~

解析：冗：多余的。冗长：（文章或讲话等）无用的话多，拉得很长。戎：军事；军队。“戎”不能与“长”搭配。

róu lìn
蹂躏
~~揉躏~~

解析：蹂：践踏。蹂躏：践踏，比喻用暴力欺压、侮辱、侵害。揉：用手来回揉或搓。“揉”与“蹂”字形相近，但不能混用。

rú chū yī zhé
如出一辙
~~如出一则~~

解析：辙：车轮碾出的痕迹；车辙。如出一辙：好像出于同一车辙。形容两种事情或言行非常相像。则：规范；榜样。“则”不能用在此处。

rú fǎ páo zhì
如法炮制
~~如法泡制~~

解析：炮：把生药放在热铁锅里炒，使变焦黄爆裂，是炮制中药的一种方法。如法炮制：依照成法，炮制药物。比喻照现成的方法办事。泡：较长时间地放在液体中。“泡”与“炮”字形相近，但不能混用。

R

R

rú zǐ kě jiào

孺子可教

~~儒~~子可教

解析：孺：小孩子。孺子可教：指青少年有培养前途。儒：先秦时期以孔子为代表的学派；旧时指读书人。“儒”与“孺”字形相近，但不能混用。

ruì zhì

睿智

~~锐~~智

解析：睿：看得深远。睿智：聪明；见识卓越，富有远见。锐：锋利；勇往直前的气势。“锐”不能与“智”搭配。

S

shān shān lái chí

姗姗来迟

~~跚跚~~来迟

解析： 姗姗：形容走路缓慢从容的姿态。姗姗来迟：形容不慌不忙，来得很晚。跚：与“蹒”连用，蹒跚，走路缓慢摇摆的样子。“跚”与“姗”字形相近，但不能混用。

shàn cháng

擅长

~~善~~长

解析： 擅：长于；善于。擅长：在某方面有特长。善：品质或言行好；善良。“善”不能与“长”搭配。

shāng què

商榷

商~~确~~

解析： 榷：研究；商讨。商榷：商讨。确：符合事实的；真实。“确”不能与“商”搭配。

S

shē mí

奢靡

~~赊~~靡

解析：奢：奢侈；过分的。奢靡：奢侈浪费。赊：赊欠。“赊”不能与“靡”搭配。

shè miǎn

赦免

~~赫~~免

解析：赦：减轻或免除刑罚。赦免：依法定程序减轻或免除对罪犯的刑罚。赫：显著；盛大。“赫”与“赦”字形相近，但不能混用。

shēn shēn xué zǐ

莘莘学子

~~辛辛~~学子

解析：莘莘：形容众多的样子。莘莘学子：众多的学生。辛：劳苦；痛苦。“辛”与“莘”字形相近，但不能混用。

shēng míng què qǐ

声名鹊起

声名~~雀~~起

解析：鹊：喜鹊。声名鹊起：声望和名誉像喜鹊一样飞起。形容名声大振。雀：一种鸟类。“雀”不能用在此处。

shèng qì líng rén

盛气凌人

~~胜~~气凌人

解析：盛：强烈；旺盛。盛气凌人：强横的气势压人。形容态度傲慢，气焰逼人。胜：胜利。“胜”不能用在此处。

shí bù guǒ fù

食不果腹

食不~~裹~~腹

解析：果：充实；饱足。食不果腹：食物不够填饱肚子。形容生活贫困。裹：缠绕；包扎。“裹”与“果”字形相近，但不能混用。

shì wài táo yuán

世外桃源

世外桃~~园~~

解析：桃源：桃花源的简称。世外桃源：晋代陶渊明在《桃花源记》中虚构的一个与世隔绝、民风淳朴、未遭战火破坏、人际关系和谐的理想社会。后世以此借指幻想中的仙境或不受外界影响的美好境地。园：种蔬菜、花果、树木的地方。“园”不能用在此处。

shì kuài

市侩

市~~刽~~

解析：侩：旧时指以拉拢买卖从中取利为职业的人。市侩：本指买卖的中间人，后泛指唯利是图的奸商或贪图私利而庸俗可鄙的人。刽：割断。“刽”与“侩”字形相近，但不能混用。

shì guò jìng qiān

事过境迁

事过景迁

解析：境：境况；境地。事过境迁：事情已经过去，情况已经改变。景：景致；风景。“景”不能用在此处。

S

shì chá

视察

视查

解析：察：观察；仔细看。视察：上级人员到下级机构检查工作；到现场察看。查：检查；查证。“查”不能与“视”搭配。

shì dé qí fǎn

适得其反

事得其反

解析：适：恰好。适得其反：结果与所期望的恰好相反。事：事情；事故。“事”不能用在此处。

shì cái ào wù

恃才傲物

适才傲物

解析：恃：依赖；倚仗。恃才傲物：仗恃自己的才能，看不起他人。适：适合；恰好。“适”不能用在此处。

shǒu qū yī zhǐ

首屈一指

手屈一指

解析： 首：首先。首屈一指：屈指数数时，最先弯下的是拇指。表示居于第一位。手：人体上肢腕部以下拿东西的部分。“手”不能用在此处。

shū jùn

疏浚

疏峻

解析： 浚：挖深；疏通（水道）。疏浚：清除淤泥或挖深河槽，使水流通畅。峻：高大。“浚”，与水有关；“峻”，与山有关。应该用“浚”与“疏”搭配。

sī shā

厮杀

撕杀

解析： 厮：互相。厮杀：相杀；相搏斗。撕：用手使东西裂开或离开附着处。“撕”与“厮”字形相近，但不能混用。

sī shǒu

厮守

斯守

解析： 厮：互相。厮守：互相依靠；互相陪伴。斯：此；这个。“斯”与“厮”字形相近，但不能混用。

sōng chí

松弛

~~松驰~~

解析：弛：松开；松懈。松弛：松散，不紧张；执行得不严格。驰：（车马等）飞快地跑。“驰”与“弛”字形相近，但不能混用。

S

sù yuàn

夙愿

~~素愿~~

解析：夙：素有的；旧有的。夙愿：一向怀有的愿望。素：没有染色的丝绸；本色。“素”不能与“愿”搭配。

T

tán guān xiāng qìng

弹冠相庆

弹管相庆

解析：冠：帽子。弹冠相庆：掸去帽子上的尘土，表示庆贺。本指志同道合的朋友做了官，自己也为必将得到引荐而庆幸。后指因即将做官而互相祝贺。也形容坏人得意，准备登台的样子。管：圆筒形的东西。“管”不能用在此处。

tán hé

弹劾

弹骇

解析：劾：揭发罪状。弹劾：君主时代担任监察职务的官员检举官吏的违法或失职行为。骇：惊吓；震惊。“骇”不能与“弹”搭配。

tǎn chéng

坦诚

坦城

解析：诚：真实的（心意）。坦诚：坦率诚恳。城：城墙；城市。“城”与“诚”字形相近，但不能混用。

tǎn hù

袒护

~~坦护~~

解析：袒：无原则地保护或支持。袒护：对错误的思想或行为无原则地保护或支持。坦：平坦；直爽，没有隐瞒。“坦”与“袒”字形相近，但不能混用。

tāo guāng yǎng huì

韬光养晦

~~滔光养晦~~

解析：韬：比喻隐藏。韬光养晦：隐藏锋芒，暂时隐居。滔：大水弥漫。“滔”与“韬”字形相近，但不能混用。

téng xiě

誊写

~~眷写~~

解析：誊写：按照原稿抄写。眷：亲属；关心。“眷”与“誊”字形相近，但不能混用。

tí gāng

提纲

~~题纲~~

解析：提：提取。提纲：写作、发言等的内容要点。题：题目；题写。“题”与“提”字形相近，但不能混用。

tí hú
醍醐
~~提醐~~

解析： 醍醐：古代指从牛奶中提炼出来的精华，佛教比喻最高的佛法。提：垂手拿着使悬空。“提”不能与“醐”搭配。

tiān yá hǎi jiǎo
天涯海角
~~天崖海角~~

解析： 涯：泛指边际。天涯海角：天的边缘，海的尽头。指遥远偏僻的地方。也指彼此相隔极远。崖：山石或高地的陡立的侧面。“崖”与“涯”字形相近，但不能混用。

tián bù zhī chǐ
恬不知耻
~~腆不知耻~~

解析： 恬：满不在乎。恬不知耻：干了坏事还安然自得，不觉得可耻。腆：丰盛；丰厚。“腆”不能用在此处。

tiǎo bō lí jiàn
挑拨离间
~~挑拔离间~~

解析： 挑拨：搬弄是非，引起纠纷。挑拨离间：在人与人之间搬弄是非，制造隔阂，使互相猜忌，产生矛盾。拔：把固定或隐藏在其他物体里的东西往外拉。“拔”与“拨”字形相近，但不能混用。

tǐng ér zǒu xiǎn

铤而走险

挺而走险

解析：铤：快走的样子。铤而走险：指在无路可走时采取冒险行动。挺：硬而直。“挺”与“铤”字形相近，但不能混用。

tōng dié

通牒

通谍

解析：牒：文书或证件。通牒：一个国家通知另一个国家并要求对方答复的文书。谍：刺探（情报）。“谍”与“牒”字形相近，但不能混用。

tōng jī

通缉

通辑

解析：缉：搜捕；捉拿。通缉：公安机关通令有关地区协同缉拿在逃的犯罪嫌疑人或在押犯人。辑：收集材料，做系统的整理、编选、加工。“辑”与“缉”字形相近，但不能混用。

tóng chóu dí kài

同仇敌忾

同仇敌慨

解析：忾：愤怒；恨。同仇敌忾：形容怀着共同的仇恨，对付共同的敌人。慨：愤激；激昂。“慨”不能用在此处。

tú dú

荼毒

~~茶~~毒

解析：荼：古书上说的一种苦菜。荼毒：借指毒害。茶：木本植物，嫩叶加工后就是茶叶。“茶”与“荼”字形相近，但不能混用。

tuī jiàn

推荐

推~~存~~

解析：荐：推荐；介绍。推荐：把好的人或事物介绍给别人，希望任用或接受。存：存在；生存。“存”与“荐”字形相近，但不能混用。

tuì huà

蜕化

~~脱~~化

解析：蜕：蛇、蝉等脱皮。蜕化：昆虫的幼虫脱去皮，体形增大或变成另一种形态。比喻人品质变坏，腐化堕落。脱：（皮肤、毛发等）脱落。“脱”与“蜕”字形相近，但不能混用。

tūn shì

吞噬

吞~~筮~~

解析：噬：咬。吞噬：吞食；并吞。筮：古代用蓍草占卜。“噬”与“吞”都和口有关，应该用“噬”与“吞”搭配。

tuō tà

拖沓

拖~~踏~~

解析：沓：多而重复。拖沓：做事拖拉、不爽利，或说话、写文章不简洁。踏：踩。“踏”与“沓”字形相近，但不能混用。

tuó niǎo

鸵鸟

~~驼~~鸟

解析：鸵鸟：鸟，是现代鸟类中体形最大的。生活在非洲的草原和沙漠地带。驼：指骆驼。“驼”和“鸵”字形相近，但不能混用。

W

wāi fēng xié qì

歪风邪气

歪风斜气

解析： 邪：不正当；不正派。歪风邪气：泛指不正派的作风或风气。斜：跟平面或直线既不平行也不垂直。“斜”不能用在此处。

wán kù

纨绔

纨夸

解析： 绔：通“裤”。纨绔：用细绢做成的裤子，泛指富贵人家子弟穿的华美的衣着。夸：夸大；夸奖。“夸”与“绔”字形相近，但不能混用。

wǎn ěr

莞尔

完尔

解析： 莞尔：形容微笑。完：完整；完成。“完”与“莞”字形相近，但不能混用。

W

wàn jié bù fù

万劫不复

万接不复

解析：劫：佛家指世界从生成到毁灭的过程为一劫。万劫不复：经历万劫，不能恢复。形容永远不能复原。接：靠近；接触。“接”不能用在此处。

wǎng kāi yī miàn

网开一面

往开一面

解析：网：用绳线等结成的捕鱼捉鸟的器具。网开一面：比喻用宽大的态度来处理。往：去；向（某处去）。“往”不能用在此处。

wěi wěi ér tán

娓娓而谈

尾尾而谈

解析：娓娓：形容谈论不倦或说话动听。娓娓而谈：指委婉动听地讨论。形容健谈。尾：尾巴；末端。“尾”与“娓”字形相近，但不能混用。

wěi mí

萎靡

委靡

解析：萎：（植物）干枯；衰落。萎靡：意志消沉；精神不振。委：把事交给别人去办；抛弃。“委”与“萎”字形相近，但不能混用。

wěi xiè

猥亵

~~偎亵~~

解析：猥：卑鄙；下流。猥亵：下流的；做下流的动作。偎：亲热地靠着；紧挨着。“偎”与“猥”字形相近，但不能混用。

wèi yǔ chóu móu

未雨绸缪

~~未雨绸谬~~

解析：绸缪：用绳索紧密缠绕，引申为修补。未雨绸缪：趁着还没有下雨，先修缮房屋门窗。比喻事先做好防备工作。谬：错误；差错。“谬”与“缪”字形相近，但不能混用。

wén guò shì fēi

文过饰非

~~文过是非~~

解析：饰：遮掩。文过饰非：以各种借口来掩饰自己的过失、错误。是：正确；认为正确。“是”不能用在此处。

wén zhōu zhōu

文绉绉

~~文诌诌~~

解析：绉：绉纱。文绉绉：形容人谈吐、举止文雅的样子。诌：随口编造（言辞）。“诌”与“绉”字形相近，但不能混用。

wěn luàn

紊乱

~~纹~~乱

解析： 紊乱：杂乱；纷乱。纹：花纹；东西上的皱痕。“纹”不能与“乱”搭配。

wò xuán

斡旋

~~握~~旋

解析： 斡：旋转。斡旋：调停；调解。握：用手拿或抓；掌握。“握”不能与“旋”搭配。

wū gòu

污垢

污~~诟~~

解析： 垢：污秽；肮脏；脏东西。污垢：积在身上或物体上的脏东西。诟：怒骂；辱骂。“诟”与“垢”字形相近，但不能混用。

wū huì

污秽

污~~晦~~

解析： 秽：肮脏；丑恶。污秽：肮脏；不干净。晦：昏暗；不明显。“晦”不能与“污”搭配。

wū gào
诬告

~~污~~告

解析： 诬：捏造事实冤枉人。诬告：捏造事实控告别人。污：浑浊的水，泛指脏东西。“污”不能与“告”搭配。

wú dú yǒu ǒu
无独有偶

无独有~~隅~~

解析： 偶：偶然；偶尔。无独有偶：不止一个，还有正好可与之配成双的。隅：角落。“隅”与“偶”字形相近，但不能混用。

wú jī zhī tán
无稽之谈

无~~机~~之谈

解析： 稽：查考。无稽之谈：没有根据、无从考查的言论。机：机器。“机”不能用在此处。

wú kě hòu fēi
无可厚非

无可~~后~~非

解析： 厚非：过分地责备。无可厚非：不可过分地苛求、责备。后：人或物背面的方位。“后”不能用在此处。

X

xī xū

唏 嘘

~~稀~~嘘

解析： 唏：叹息。唏嘘：抽噎；叹息。稀：事物出现得少。“唏”与“嘘”均与口有关，应该用“唏”与“嘘”搭配。

xī luò

奚 落

~~溪~~落

解析： 奚落：用尖刻的话数说人的短处，使人难堪。溪：原指山间的小河沟，泛指小河。“溪”与“奚”字形相近，但不能混用。

xī xiào nù mà

嬉 笑 怒 骂

~~嘻~~笑怒骂

解析： 嬉：游戏；玩耍。嬉笑怒骂：指借以表现各种感情的言辞，大多指嘲笑斥骂。常形容写作上不拘题材形式，任意发挥，都能写成好文章。嘻：表示惊叹；形容笑的声音。“嘻”与“嬉”字形相近，但不能混用。

xià gōng fū
下功夫

下工夫

解析： 功夫：做事所耗费的时间和精力。下功夫：为了达到某个目的而花费很多的时间和很大的精力。工夫：时间（指占用的时间）。应该用“功夫”与“下”搭配。

xiǎn xiàng guǎn
显像管

显象管

解析： 像：图像。显像管：电视接收机、示波器等设备中的一种器件。象：大象；样子。“象”与“像”字形相近，但不能混用。

xiàn jǐng
陷阱

陷井

解析： 阱：捕捉野兽的陷坑。陷阱：用来捉野兽或敌人的坑，上面盖伪装的东西。比喻害人的圈套。井：从地面往下凿成的能取水的深洞。“井”与“阱”字形相近，但不能混用。

xiāng dé yì zhāng
相得益彰

相得益张

解析： 彰：明显；显著。相得益彰：双方密切配合，互相衬托，彼此的长处显现得更明显。张：使合拢的东西分开或使紧缩的东西放开。“张”不能用在此处。

xiāng fǔ xiāng chéng
相辅相成

~~相辅相承~~

解析： 成：成全。相辅相成：互相辅助，互相促成。指两件事互相补充，互相配合，缺一不可。承：托着；接着。“承”不能用在此处。

xiāo yáo
逍遥

~~消遥~~

解析： 逍遥：自由自在，无拘无束。消：消失；消除。“消”与“逍”字形相近，但不能混用。

xiāo zhāng
嚣张

~~消张~~

解析： 嚣：吵闹；喧哗。嚣张：（恶势力、邪气）上涨；放肆。消：消失；消除。“消”不能与“张”搭配。

xiào yè
笑靥

~~笑恹~~

解析： 靥：酒窝。笑靥：酒窝；笑脸。恹：形容患病而精神疲乏。“靥”与“笑”都与人的面部有关，应该用“靥”与“笑”搭配。

xié pò

胁迫

~~协迫~~

解析：胁：威逼；逼迫。胁迫：威逼强迫。协：共同；和谐。“协”与“胁”字形相近，但不能混用。

xiè dú

亵渎

~~泄渎~~

解析：亵：轻慢。亵渎：轻慢；不恭敬。泄：液体、气体排出；泄露。“泄”不能与“渎”搭配。

xiè hòu

邂逅

~~邂后~~

解析：邂逅：偶然遇见（久别的亲友）。后：人或物背面的方位（跟“前”对应）。“后”与“逅”字形相近，但不能混用。

xióng jiū jiū

雄赳赳

~~雄纠纠~~

解析：赳：健壮威武的样子。雄赳赳：形容威武。纠：缠绕；纠正。“纠”与“赳”字形相近，但不能混用。

xiū qì
休憩

休栖

解析：憩：休息。休憩：休息。栖：鸟停在树上；居住；停留。“栖”不能与“休”搭配。

xiū yǎng shēng xī
休养生息

修养生息

解析：休：休息。休养生息：指在社会急剧动荡后，安定秩序，减轻人民负担，增殖人口，恢复生产，以重振国家元气。修：修理；整治。“修”不能用在此处。

xiū qì
修葺

修茸

解析：葺：原指用茅草覆盖房顶，现指修理房屋。修葺：修缮。茸：草初生纤细柔软的样子。“茸”与“葺”字形相近，但不能混用。

xū yú
须臾

须余

解析：须臾：片刻；一会儿。余：剩下；整数后面的零头。“余”不能与“须”搭配。

xǔ xǔ rú shēng

栩栩如生

~~诩诩如生~~

解析： 栩栩：形容生动活泼的样子。栩栩如生：形容形象逼真，跟活的一样。诩：夸耀。“诩”与“栩”字形相近，但不能混用。

xuān xiè

宣泄

~~渲泄~~

解析： 宣：疏导。宣泄：排除障碍，使积水流出；疏散；吐露（心中的积郁）。渲：渲染。“渲”与“宣”字形相近，但不能混用。

xuān bīn duó zhǔ

喧宾夺主

~~宣宾夺主~~

解析： 喧：声音大。喧宾夺主：客人的喧闹声比主人的声音还大。比喻客人占据了主人的地位。也指外来的、次要的事物侵占了原有的、主要事物的地位。宣：公开说出；传布出去。“宣”与“喧”字形相近，但不能混用。

xuán liáng cì gǔ

悬梁刺股

~~悬梁刺骨~~

解析： 股：大腿。悬梁刺股：形容勤学苦读。骨：骨头。“骨”不能用在此处。

xuán lǜ
旋律

~~弦~~律

解析：旋：旋转。旋律：乐音经过艺术构思而形成的有组织、有节奏的和谐运动。弦：乐器上发声的线，一般用丝线、铜丝或钢丝等制作。“弦”不能与“律”搭配。

xuàn yào
炫耀

~~眩~~耀

解析：炫：（强烈的光线）晃人的眼睛。炫耀：照耀；夸耀。眩：（眼睛）昏花；迷惑。“眩”与“炫”字形相近，但不能混用。

xuàn rǎn
渲染

~~宣~~染

解析：渲染：国画的一种画法。比喻夸大地形容。宣：公开说出；传布出去。“宣”与“渲”字形相近，但不能混用。

xùn sè
逊色

~~迅~~色

解析：逊：差；比不上。逊色：不及之处；差劲。迅：迅速。“迅”不能与“色”搭配。

Y

yán shēn

延伸

~~延申~~

解析：伸：（肢体或物体的一部分）展开。延伸：延长；伸展。申：说明；陈述。“申”与“伸”字形相近，但不能混用。

yán jùn

严峻

~~严俊~~

解析：峻：（山）高大。严峻：严厉；严肃。俊：容貌秀丽。“俊”与“峻”字形相近，但不能混用。

yán lì

严厉

~~严历~~

解析：厉：严格；严肃。严厉：严格而厉害。历：经历；经过。“历”与“厉”字形相近，但不能混用。

yǎn yì
演绎
演译

解析：绎：抽丝，比喻理出事物的头绪。演绎：一种推理方法，由一般原理推出关于特殊情况下的结论。译：翻译。“译”与“绎”字形相近，但不能混用。

yàn pǐn
赝品
厌品

解析：赝：伪造的。赝品：伪造的文物或艺术品。厌：满足；因过多而不喜欢。“厌”不能与“品”搭配。

yāo xié
要挟
要胁

解析：挟：倚仗权势或抓住对方弱点，强使顺从。要挟：利用对方的弱点，胁迫对方答应自己的要求。胁：威逼；逼迫。“胁”不能与“要”搭配。

yǎo wú yīn xìn
杳无音信
沓无音信

解析：杳：远得不见踪影。杳无音信：形容一点消息也没有。沓：多而复杂。“沓”与“杳”字形相近，但不能混用。

yé yú
揶揄
~~掖揄~~

解析：揶揄：嘲笑。掖：塞进（衣袋或夹缝里）。“掖”不能与“揄”搭配。

yī chóu mò zhǎn
一筹莫展
~~一愁莫展~~

解析：筹：计谋。一筹莫展：一个办法也拿不出来。愁：忧愁。“愁”不能用在此处。

yī dāo liǎng duàn
一刀两断
~~一刀两段~~

解析：断：分成两段或几段。一刀两断：比喻彻底断绝关系。段：时间或事物的一部分。“段”不能用在此处。

yī fān fēng shùn
一帆风顺
~~一番风顺~~

解析：帆：挂在桅杆上的布篷，可以利用风力使船前进。一帆风顺：航行顺风，前进顺利。比喻工作顺利，没有挫折。番：指外国或外族。“番”不能用在此处。

Y

yī jué bù zhèn

一**蹶**不振

~~一獗不振~~

解析：蹶：摔倒，比喻失败或挫折。一蹶不振：跌一跤就爬不起来。比喻一遭受挫折便不能再振作起来。獗：猖獗；凶猛而放肆。“獗”与“蹶”字形相近，但不能混用。

yī qiào bù tōng

一**窍**不通

~~一巧不通~~

解析：窍：比喻事情的关键。一窍不通：比喻什么也不懂。巧：心思灵敏，技艺高明。“巧”与“窍”字形相近，但不能混用。

yī xiè qiān lǐ

一**泻**千里

~~一泄千里~~

解析：泻：很快地流。一泻千里：本指江河水势凶猛，奔腾直下。后比喻文笔流畅，气势奔放。泄：液体、气体排出。“泄”不能用在此处。

yí hài

贻害

~~遗害~~

解析：贻：遗留。贻害：留下祸害，使受损坏。遗：丢失；遗漏。“遗”不能与“害”搭配。

yǐ lǎo mài lǎo

倚老卖老

~~以~~老卖老

解析： 倚：仗恃。倚老卖老：仗恃自己年纪大卖弄老资格，看不起人。以：用；拿。“以”不能用在此处。

yì fèn tián yīng

义愤填膺

义愤填~~鹰~~

解析： 膺：胸。义愤填膺：义愤充满胸膛。指由不公正的事情激起的愤怒十分强烈。鹰：一种鸟。“鹰”与“膺”字形相近，但不能混用。

yì yè

肄业

~~意~~业

解析： 肄：学习。肄业：修业；学习；（学生）没有达到毕业年限或程度而离校停学。意：意思；用意。“意”不能与“业”搭配。

yīn mái

阴霾

阴~~霭~~

解析： 阴霾：空气中因悬浮大量烟、尘等微粒而形成的混浊现象。霭：云气。“霭”与“霾”字形相近，但不能混用。

Y

yíng sī wǔ bì
营私舞弊

~~营私舞敝~~

解析：弊：欺诈蒙骗、图占便宜的行为。营私舞弊：谋求私利，玩弄手段做违法乱纪的事。敝：遮盖；遮挡。“敝”与“弊”字形相近，但不能混用。

yōu guān
攸关

~~优关~~

解析：攸：所。攸关：关系到，涉及。优：优良；美好（跟“劣”相对）。“优”不能与“关”搭配。

yōu xīn chōngchōng
忧心忡忡

~~忧心重重~~

解析：忡忡：忧愁不安的样子。忧心忡忡：形容心事重重，忧愁不安。重：重复；层。“重”不能用在此处。

yóu zhōng
由衷

~~由忠~~

解析：衷：内心。由衷：出于内心。忠：忠诚。“忠”与“衷”字形相近，但不能混用。

yú jì

余悸

余季

解析： 悸：心跳得厉害，特指因害怕而引起的。余悸：事情过去后还感到的恐惧。季：季节。“季”与“悸”字形相近，但不能混用。

yú yǒng kě gǔ

余勇可贾

余勇可估

解析： 贾：卖。余勇可贾：本来的意思是想让有勇气的人来买我剩下的勇气。后来指剩下的勇气还可以出卖，表示还有力量可以使出来。估：大致地推算；揣测。“估”不能用在此处。

yuàn tiān yóu rén

怨天尤人

怨天由人

解析： 尤：怨恨；归咎。怨天尤人：抱怨天，责怪人。指把不如意的事一概归咎于客观。由：原因；经过。“由”不能用在此处。

yǔn luò

陨落

殒落

解析： 陨：陨落。陨落：（星体或其他在高空运行的物体）从高空掉下。殒：死。“殒”与“陨”字形相近，但不能混用。

Z

zāng wù

赃物

脏物

解析： 赃：贪污、受贿或偷盗、抢劫得来的财物。赃物：通过贪污、受贿或偷盗、抢劫等非法手段得来的物品。脏：有尘土、汗渍、污垢等。“脏”与“赃”字形相近，但不能混用。

zāo tà

糟蹋

糟塌

解析： 蹋：踩；踏。糟蹋：浪费或随意损坏；侮辱；蹂躏。塌：（支架起来的东西）倒下或陷下。“塌”与“蹋”字形相近，但不能混用。

zào yì

造诣

造指

解析： 造诣：（学业、技术）所达到的程度。指：手指头；指着；指点。“指”与“诣”字形相近，但不能混用。

zào rè

燥热

~~躁热~~

解析：燥：缺少水分；干。燥热：（天气）干燥炎热。躁：性急；浮躁。“躁”与“燥”字形相近，但不能混用。

zé wú páng dài

责无旁贷

~~责无旁代~~

解析：贷：推卸（责任）。责无旁贷：责任不可推卸。指自己应尽的责任不能推卸给别人。代：代替；代理。“代”不能用在此处。

zhā zǐ

渣滓

~~渣宰~~

解析：滓：沉淀的杂质。渣滓：食物提取精华或经过咀嚼后剩下的东西。比喻品质恶劣、危害社会、为人们所厌恶的人。宰：古代官名。“宰”与“滓”字形相近，但不能混用。

zhào xiàng

照相

~~照像~~

解析：相：容貌；外貌。照相：摄影。像：图像。“像”不能与“照”搭配。

zhào shì
肇事
造事

解析：肇：发生。肇事：造成事故；闹事。造：做；制作。“造”不能与“事”搭配。

zhé jū
蛰居
蜇居

解析：蛰：动物冬眠时，在土中或洞中不食不动。蛰居：像动物冬眠一样长期隐藏起来，不出头露面。蜇：海蜇。“蜇”与“蛰”字形相近，但不能混用。

zhēn biān
针砭
针贬

解析：砭：古代治病用的石针。针砭：比喻发现或指出错误，以求改正。贬：降低（官职或价值）；指出缺点，给予不好的评价（跟“褒”相对）。“贬”与“砭”字形相近，但不能混用。

zhēn zhī zhuó jiàn
真知灼见
真知卓见

解析：灼：明白；清楚。真知灼见：正确而透彻的认识、见解。卓：高明。“卓”不能用在此处。

zhēn bié
甄别

~~甑别~~

解析：甄：审查鉴定（优劣、真伪）。甄别：通过审查来辨别优劣、真伪；考核鉴定（能力、品质等）。甑：蒸米饭等用的木质桶状器具。“甑”与“甄”字形相近，但不能混用。

zhěn mì
缜密

~~镇密~~

解析：缜：细致。缜密：周密；细致。镇：抑制；安定。“镇”与“缜”字形相近，但不能混用。

zhèn zāi
赈灾

~~振灾~~

解析：赈：救济。赈灾：用钱、粮食、衣物等救济（灾民）。振：摇动；挥动；振动。“振”与“赈”字形相近，但不能混用。

zhèn hàn
震撼

~~振撼~~

解析：震：颤动；使颤动。震撼：震动；摇撼。振：摇动；挥动；振动。“振”与“震”字形相近，但不能混用。

Z

zhēngzhēng rì shàng

蒸蒸日上

~~争争日上~~

解析：蒸蒸：上升、兴盛的样子。蒸蒸日上：兴旺繁荣，天天向上。形容发展迅速。争：力求得到或达到；争夺。“争”不能用在此处。

zhěng chì

整饬

~~整伤~~

解析：饬：整顿。整饬：整顿；整齐，有条理。伤：人体或其他物体受到的损害。“伤”与“饬”字形相近，但不能混用。

zhèng jīn wēi zuò

正襟危坐

~~正襟围坐~~

解析：危：端正。正襟危坐：整理好衣襟，端端正正地坐着。形容恭敬、严肃或拘谨的样子。围：四周拦挡起来，使里外不通；环绕。“围”不能用在此处。

zhèng quàn

证券

~~证卷~~

解析：券：票据或作为凭证的纸片。证券：有价凭证。卷：书本，也指成轴的书画作品。“卷”与“券”字形相近，但不能混用。

zhí jié liǎo dàng

直截了当

~~直接了当~~

解析：直截：不拐弯抹角。直截了当：形容说话或做事爽快、不绕弯子。接：靠近；接触。“接”不能用在此处。

zhí yán bù huì

直言不讳

~~直言不诲~~

解析：讳：因有所顾忌而不敢说或不愿说。直言不讳：说话坦率，毫无顾忌。诲：教导；诱导。“诲”不能用在此处。

zhǐ chǐ

咫尺

~~帜尺~~

解析：咫：古代指八寸。咫尺：比喻很短的距离。帜：旗子；标志。“帜”与“咫”字形相近，但不能混用。

zhǐ gāo qì yáng

趾高气扬

~~志高气扬~~

解析：趾：脚。趾高气扬：骄傲自满、得意忘形的样子。志：志向；志愿。“志”不能用在此处。

zhì shǒu kě rè

炙手可热

~~灸~~手可热

解析： 炙：烤。炙手可热：手一挨近就感到热。比喻权势大，气焰盛。灸：中医的一种治疗方法，用燃烧的艾绒熏烤一定的穴位。“灸”与“炙”字形相近，但不能混用。

Z

zhì xī

窒息

~~桎~~息

解析： 窒：阻塞不通。窒息：呼吸困难甚至停止，比喻受阻碍而不能充分发挥或发展。桎：脚镣。“桎”不能与“息”搭配。

zhì ruò wǎng wén

置若罔闻

置若~~往~~闻

解析： 罔：没有。置若罔闻：放在一边，好像没有听到一样。往：去；向（某处去）。“往”不能用在此处。

zhōng liú dǐ zhù

中流砥柱

中流~~抵~~柱

解析： 砥：细的磨刀石。中流砥柱：比喻坚强有力并能起支柱作用的重要人物或集体。抵：支撑。“抵”与“砥”字形相近，但不能混用。

zhǒngzhàng

肿胀

肿涨

解析： 胀：身体内壁受到压迫而产生不舒服的感觉。肿胀：肌肉、皮肤或黏膜等组织由于发炎、瘀血或充血而体积增大。涨：固体因吸收液体而体积增加。“涨”不能与“肿”搭配。

zhòng kěn

中肯

中恳

解析： 肯：附着在骨头上的肉。中肯：言论正中要害或扼要肯切。恳：真诚；诚恳。“恳”不能与“中”搭配。

zhòng cái

仲裁

中裁

解析： 仲：地位居中的。仲裁：双方发生争执时，由双方同意的第三者居中对争执事项做出决定。中：正对上；科举考试被录取。“中”与“仲”字形相近，但不能混用。

zhòng kǒu shuò jīn

众口铄金

众口烁金

解析： 铄：熔化。众口铄金：众人异口同声的言论，能熔化金属。形容舆论的力量很大。烁：光亮的样子。“烁”与“铄”字形相近，但不能混用。

zhòu wén

皱纹

绉纹

解析：皱：皱纹。皱纹：物体表面因收缩或揉弄而形成的一凸一凹的条纹。绉：绉纱，一种织出皱纹的丝织品。“绉”与“皱”字形相近，但不能混用。

zhū sī mǎ jì

蛛丝马迹

珠丝马迹

解析：蛛：蜘蛛。蛛丝马迹：蜘蛛的细丝，灶马的足迹。比喻隐约可寻的线索或痕迹。珠：珍珠。“珠”与“蛛”字形相近，但不能混用。

zhù lì

伫立

贮立

解析：伫立：长时间地站着。贮：储存；积存。“贮”与“伫”字形相近，但不能混用。

zhuāng dìng

装订

装钉

解析：订：装订。装订：把零散的书页或纸张加工成本子。钉：把钉子捶打进别的东西。“钉”与“订”字形相近，但不能混用。

zhuāng zhēn

装帧

装祯

解析： 帧：幅（用于字画等）。装帧：书画、书刊的装潢设计。祯：吉祥。“祯”与“帧”字形相近，但不能混用。

zhuī sù

追溯

追朔

解析： 溯：往上推求或回想。追溯：逆流而上，向江河的发源处走。比喻寻求探索事物的由来。朔：农历的每月初一。“朔”与“溯”字形相近，但不能混用。

zhuō jīn jiàn zhǒu

捉襟见肘

捉禁见肘

解析： 襟：上衣、袍子前面的部分。捉襟见肘：用手去整理衣襟，却露出了胳膊肘。形容衣服褴褛，生活贫困。也比喻困难很多，顾此失彼，应付不过来。禁：不准许；制止。“禁”与“襟”字形相近，但不能混用。

zī zhòng

辎重

淄重

解析： 辎：古代的一种车。辎重：行军时携带的物资，包括军用器械、粮草、营帐、被服等。淄：淄河，水名，在山东。“淄”与“辎”字形相近，但不能混用。

zì míng dé yì

自鸣得意

自名得意

解析：鸣：表达；发表（情感、意见、主张）。自鸣得意：自己表现自己，显得十分称心如意。形容洋洋得意的神气。名：名字；名称。“名”不能用在此处。

zì suī

恣睢

姿睢

解析：恣：放纵；没有约束。恣睢：放纵，无所顾忌；（文笔）豪放不拘。姿：容貌；姿势。“姿”与“恣”字形相近，但不能混用。

zuò xiǎng qí chéng

坐享其成

坐想其成

解析：享：享受；物质上或精神上得到满足。坐享其成：自己不出力，坐享别人的劳动成果。想：开动脑筋；思索。“想”不能用在此处。

zuò yǐ dài bì

坐以待毙

坐以待毖

解析：毙：死。坐以待毙：坐着等死或等待失败。指危难临头不积极想办法。毖：谨慎小心。“毖”与“毙”字形相近，但不能混用。